FACULTÉ DE DROIT DE CAEN

THÈSE

POUR LE DOCTORAT

A. Eudes de Beistherbe.

PARIS

TYPOGRAPHIE LAHURE

9, RUE DE FLEURUS, 9

1875

FACULTÉ DE DROIT DE CAEN.

DES DROITS
DES
ASCENDANTS DANS LA SUCCESSION
DE LEURS DESCENDANTS
EN DROIT ROMAIN

DES SUCCESSIONS ANOMALES
EN DROIT FRANÇAIS

THÈSE POUR LE DOCTORAT
SOUTENUE PUBLIQUEMENT
DANS LA GRANDE SALLE DE LA FACULTÉ DE DROIT
Le mercredi 16 juin 1875, à 3 heures.

PAR

André EUDES DE BOISTERTRE
AVOCAT

Président : M. BAYEUX, *Professeur.*

Suffragants : MM. FEUGUEROLLES, *Professeurs.*
TOUTAIN,
JOUEN, *Agrégés.*
LAISNÉ-DESHAYES,

PARIS
TYPOGRAPHIE LAHURE,
9, RUE DE FLEURUS, 9,

1875

MEIS ET AMICIS

> Si les belles lois attestent le
> génie d'un peuple, elles accu-
> sent aussi ses mœurs comme le
> remède dénonce le mal.
> (CHATEAUBRIAND, *Études hist.*)

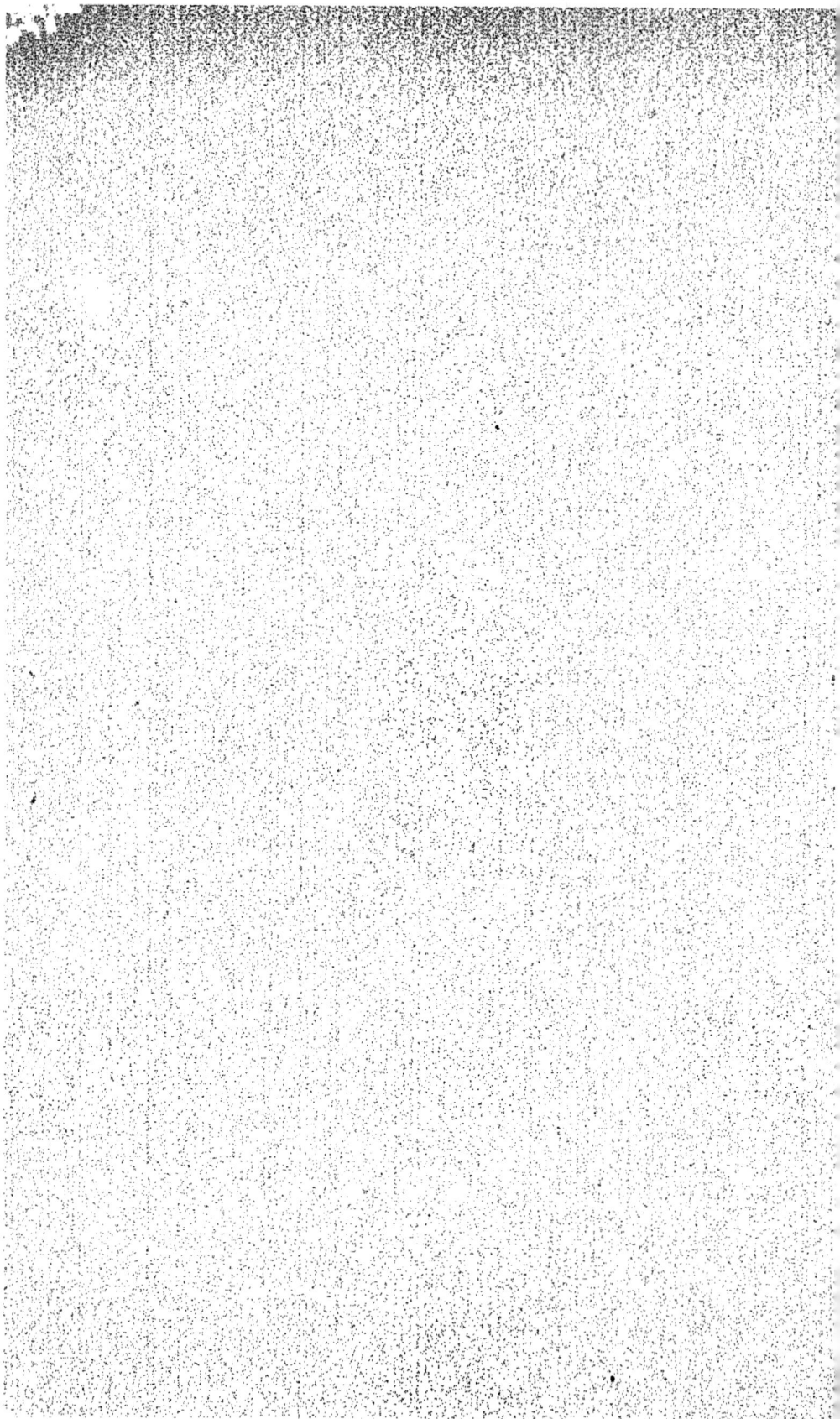

DROIT ROMAIN.

DES DROITS

DES

ASCENDANTS DANS LA SUCCESSION

DE LEURS DESCENDANTS

INTRODUCTION.

1. — I. *Aperçu historique.* — Chateaubriand
trace quelque part, dans ses études historiques,
une esquisse du Droit romain, qui trouve bien sa
place en tête de ce travail. « Les XII Tables, dit-il,
« composant en tout cinquante textes (soit qu'elles
« aient été ou non empruntées à la Grèce et ex-
« pliquées par l'exilé Hermodore[1]), suffirent à la
« république tant qu'elle conserva la vertu. Vinrent
« ensuite, toujours sous la république, le Droit

---

1. Les anciens glossateurs du Droit romain racontent sé-
rieusement que les Grecs, avant de faire part de leurs lois
aux députés romains, envoyèrent à Rome un philosophe
pour savoir ce que c'était que Rome. Ce philosophe, arrivé
dans cette ville inconnue, fut mis en rapport avec un fou qui,
par de certains signes des doigts, lui indiqua la Trinité. Le
philosophe rendit compte de sa mission aux Grecs, et les
Grecs trouvèrent que les Romains étaient dignes d'obtenir les

1

« flavien et le Droit œlien. Avec Auguste com-
« mença, sous l'empire, la loi Regia qu'on a niée,
« et successivement s'entassèrent les diverses con-
« stitutions des empereurs jusqu'aux codes gré-
« gorien et hermogénien. Alors les Romains cor-
« rompus n'eurent plus assez des *sénatus-con-*
« *sultes*, des *plébiscites*, des *édits des princes*, des
« *édits des préteurs*, des *décisions des juriscon-*
« *sultes* et du *droit coutumier.* La famille, en
« vieillissant, multipliait les cas de jurisprudence :
« l'esprit des tribunaux se subtilisait à mesure que
« s'enchevêtraient les rapports des choses et des
« individus. Deux mille volumes compilés par
« Tribonien forment le corps du Droit romain,
« sous les noms de Code, de Digeste ou Pandectes,
« d'Institutes et de Novelles, sans parler du Droit
« greco-romain ou de la paraphrase de Théophile
« et des sept volumes in-folio des Basiliques, ou-
« vrage des empereurs Basile, Léon le Philosophe
« et Constantin Porphyrogenète ; solide masse
« qui a survécu à Rome, mais qui n'a pu l'arc-
« bouter assez pour l'empêcher de crouler. La
« société vit plus par les mœurs que par les

lois qui ont fait le fond des XII Tables. *Quemdam stultum ad
disputandum cum Græco posuerunt, ut si perderet, tantum
derisio esset. Græcus sapiens nutu disputare cœpit, et elevavit
unum digitum, unum Deum significans. Stultus, credens quod
vellet eum uno oculo excœcare, elevavit duos, et cum eis elevavit etiam pollicem, sicut naturaliter evenit, quasi cœcare eum
vellet utroque. Græcus autem credidit quod Trinitatem os-
tenderet.*

« lois, et les nations qui ne sauvent pas leur inno-
« cence périssent souvent avec leur sagesse. »

2. — Il est facile de voir, d'après ces quelques lignes du grand poëte, que le législateur romain, qui
commence par poser une première pierre : l'œuvre
des Décemvirs ; se met à entasser, avec l'aide du
temps, assises sur assises, pour arriver à construire cette « solide masse », ce vaste monument :
l'œuvre de Tribonien. C'est un voyageur qui part
d'un point fixe et parcourt une route accidentée
avant d'arriver au terme du voyage. Le point de
départ, la route, le point d'arrivée seront pour
nous les trois grandes divisions historiques qui
domineront toute notre matière.

3. — *Loi des XII Tables.* — Le point fixe de
départ, c'est la loi des XII Tables ; avant elle,
c'est le chaos : la religion, la famille et le droit se
confondent, la propriété elle-même n'est pas dé-
finie. Je n'ai pas l'intention d'entrer à ce propos
dans l'examen du droit de propriété chez les Romains. L'*ager romanus* était-il propriété publique, comme quelques historiens l'ont pensé d'a-
près trois textes de Plutarque (*Numa*, 16), de Cicéron (*République*, II, 14) et de Denys (II, 74),
qui nous apprennent que Numa distribua des terres
aux citoyens ? Était-il, au contraire, propriété pri-
vée, et ces textes ne s'appliquent-ils qu'aux terres
conquises par son prédécesseur, *agri quos bello
Romulus ceperat?* Ces questions, fort intéressantes
par elles-mêmes, sont étrangères à notre sujet.

4. — La *lex decemviralis* fut commencée vers l'an 303 de Rome, et terminée quatre ans après. Cicéron (*De orat.* I, 43) en fait l'éloge en ces termes : « *fremant omnes licet, dicam quod sentio :*
« *bibliothecas, mehercule, omnium philosophorum*
« *unus mihi videtur XII Tabularum libellus, si*
« *quis legum fontes et capita viderit, et auctori-*
« *tatis pondere et utilitatis ubertate superare.* »
(Qu'on en soit révolté, mais je dirai ce que je pense. Pour celui qui remonte à la source et aux principes des lois, je trouve que le petit livre des Douze Tables est, par sa force et son utilité, bien au-dessus des bibliothèques de tous les philosophes). Elle ne nous est parvenue que par fragments.

5. — *Période de transition.* — Nous comprenons sous ce titre les réformes apportées au droit primitif des XII Tables, d'abord par les préteurs, dont la puissance juridique atteint son plein développement pendant le cours du sixième siècle de Rome, puis par les prudents, les sénatus consultes, les constitutions impériales antérieures à Justinien et de Justinien lui-même. Ces réformes, d'abord amenées par les subtilités du préteur, puis par le triomphe du christianisme se font surtout profondément sentir dans le régime des successions. Nous verrons, dans le cours de notre étude, la famille romaine de religieuse et civile qu'elle est dans les premiers temps, tendre constamment à devenir naturelle, et ce n'est même

qu'à partir de ces premières réformes que nous trouverons un aliment sérieux à notre travail.

6. — En groupant ainsi sous le nom de période de transition une longue suite d'années, nous nous éloignons, de la division ordinaire de l'Ecole ; nous le savons. Mais nous n'hésitons pas à le faire, car notre principale division étant prise dans la famille et non dans l'histoire, il nous fallait éviter des subdivisions trop nombreuses.

7. *Novelles de Justinien.* — Notre troisième période, le « terme du voyage » comprend le droit des Novelles de Justinien ; la déchéance de l'idée antique de la famille civile est complète ; l'empereur de Constantinople proclame, en 543, l'idée nouvelle de la famille naturelle. « *In omnibus successionibus adgnatorum cognatorumque differentiam vacare præcipimus.* » déclare Justinien dans la préface de la Novelle 118 (cap. iv) ; il fait table rase ; puis il se met à construire.

8. — Dans les quelques lignes citées plus haut, Chateaubriand ne prononce même pas le nom de Justinien ; il ne veut pas agir en courtisan de la pourpre romaine, il laisse au grand juriconsulte la gloire de son travail. Ce fut, en effet, Tribonien qui suggéra à l'empereur les projets et dispositions (*suggerente nobis Triboniano*), de son œuvre législative et en dirigea la composition. Justinien, du reste, lui rend lui-même hommage en le qualifiant de *legitimum operis nostri minis-*

trum, mais l'histoire, plus injuste, joint l'honneur à la puissance et non pas au savoir.

9.—Il *La famille romaine*[1].—La famille romaine primitive est la seule dont nous ayons à parler dans cette introduction, car elle est pour nous la base sur laquelle nous nous appuierons tout d'abord. A mesure que nous avancerons dans l'étude des droits successoraux des ascendants, nous en verrons les diverses modifications; il y a, en effet, corrélation intime entre ces deux sujets. La famille primitive est liée à la religion; de la religion découlent les mœurs, la religion et les mœurs changent avec le temps; c'est donc en définitive le temps qui est le législateur par excellence; et nous avions raison de dire plus haut que toute notre matière sera dominée par lui.

10. — La famille romaine se compose d'un père, d'une mère, d'enfants et d'esclaves. Le *pater* romain n'est pas le *père* de nos sociétés modernes; ce titre ne renferme pas l'idée de paternité qui s'exprimait en grec par le mot γιννητηρ et en latin par *genitor*. L'expression *pater*, qui est la même en grec, en latin et en sanscrit, s'appliquait dans la langue religieuse aux dieux (Jupiter est le *pater hominum Deorumque*); dans la langue juridique à tout homme qui avait un culte et un domaine : (*le pater familias* pouvait être un enfant

---

1. Nous empruntons la plupart de ces détails à l'excellent ouvrage de M. Fustel de Coulanges : *la Cité antique*.

de quelques jours). Synonyme des mots *rex*, ἄναξ, Βασιλεύς, il contenait en lui l'idée d'autorité, de dignité, de puissance.

11. Le père est le pontife du foyer (ἱστία δέσποινα, *Lar familiaris*), du culte des ancêtres au nombre desquels il prendra place lui-même après sa mort; c'est lui qui doit perpétuer sa famille par ses fils, auxquels il laisssera toute sa puissance. En lui enfin réside la pleine propriété de tous les biens qui appartiennent à sa famille et le souverain pouvoir de rendre la justice.

12. — La mère, quoique portant le titre de *mater familias*, n'aura jamais le culte des ancêtres, ne sera jamais dépositaire de la suprême puissance. Elle ne pourra même sacrifier aux *mânes* de la famille de son mari et abandonner le culte de ceux de sa propre famille, que si elle a été soumise à des cérémonies solennelles qui auront eu pour effet de la mettre *in manus mariti*, dans la main de son mari. Expression énergique qui peint bien son état de dépendance dans la famille romaine; elle sera *loco filiæ*, fille du maître, sœur de ses enfants !

13. — Les enfants doivent être initiés au culte de la famille, sans cela ils ne sont rien pour le père. Tant que ce dernier vit, ils n'ont aucun pouvoir, aucun droit, aucun bien propre; il sont *alieni juris*, sous l'autorité du *pater familias*. Mais il résulte de la plénitude même de l'autorité paternelle, que cette autorité ne sera conservée par

le *pater* que tant qu'il le voudra ; il pourra répudier, exclure son fils du culte domestique par
l'*émancipation*. Le fils émancipé devient, *sui juris*, son propre maître ; dès lors, il peut acquérir
des biens, se créer une famille dont il sera le premier ancêtre après sa mort. S'il veut ensuite renoncer à sa qualité de *sui juris* et se remettre en
puissance, il faudra qu'il ait recours à l'*adrogation*. De même, en effet, que le père peut exclure
son fils de la famille, de même il peut y faire
entrer un étranger au moyen de l'*adoption* ou
de l'*adrogation*. Dès que les cérémonies sacrées
seront accomplies, cet étranger sera admis au
foyer associé à la religion du père adoptif. Pour
que l'adoption puisse avoir lieu, il faut nécessairement que le futur adopté ait été déjà exclu de
sa famille naturelle, car on ne peut sacrifier à
deux foyers ; à l'adoption correspond donc comms
corrélatif l'émancipation.

Faut-il aussi que l'adoptant n'ait pas d'autres
enfants ? Aucun texte précis ne l'exige dans l'ancien
droit ; et nous savons qu'au temps de Gaïus un
même homme pouvait avoir des fils par la nature
et des fils par l'adoption. Il paraît pourtant que ce
point n'était pas admis en droit au temps de Cicéron, car, dans un de ses plaidoyers, l'orateur
s'exprime ainsi : « Quel est le droit qui régit
« l'adoption ? Ne faut-il pas que l'adoptant soit
« d'âge à ne plus avoir d'enfants, et qu'avant
« d'adopter il ait cherché à en avoir ? Adopter,

« c'est demander à la religion et à la loi ce qu'on
« n'a pas pu obtenir de la nature. »

(Cic. *pro domo*, 13, 14.)

Cicéron attaque l'adoption de Clodius en se
fondant sur ce que l'homme qui l'a adopté a déjà
un fils, et il s'écrie que cette adoption est contraire au droit religieux.

Quant aux filles, elles sortiront de la famille paternelle quand elles auront été soumises aux cérémonies qui doivent les faire tomber *in manus mariti*.

Les enfants nés hors des justes noces, c'est-à-
dire les *naturales*, et ceux nés d'un commerce
illicite, c'est-à-dire les *spurii*, ne font pas partie
de la famille.

14. — De ce rapide exposé, il résulte que la
famille romaine primitive n'a rien de commun
avec la famille naturelle; un fils peut être un
étranger pour son père. La première, dont tous
les membres sont réunis par un lien commun,
l'*agnation*, comprend tous ceux qui sacrifient au
même culte, par conséquent tous les descendants
d'un auteur commun par les mâles, y compris les
étrangers admis par l'adoption ou l'adrogation et
à l'exclusion des fils émancipés. La seconde comprend, sous le nom de *cognats*, tous ceux qui sont
parents par le sang, c'est-à-dire même les descendants par les filles, les émancipés, etc.

14 *bis*. — Remarquons, avant de terminer ce
sujet, que l'enfant peut se trouver *sui juris* sans
émancipation : *Première espèce* : Secundus, père

de Tertius, est émancipé ou donné en adoption par Primus son père, lequel garde son petit-fils Tertius sous sa puissance. A la mort de son aïeul, Tertius devient *sui juris* et cependant il a encore son père. — *Deuxième espèce* : Primus a émancipé son fils Secundus, lequel, *après* son émancipation, a eu un fils Tertius, petit-fils de Primus. Secundus meurt : Tertius qui était sous sa puissance devient *sui juris*, et cependant il a encore son aïeul paternel.

15. — Les esclaves forment le dernier élément dont se compose la famille romaine ; on conçoit, en effet, que le principe d'un service libre, volontaire, pouvant cesser au gré du serviteur, ne pouvait guère s'accorder avec un état social où la famille vivait isolée. Le foyer protégeait aussi l'esclave ; la religion des dieux lares lui appartenait aussi bien qu'à son maître : *Quum dominis tum famulis religio larum.* (Cicéron, *De Legib.*, II, 11) ; l'esclave pouvait même accomplir l'acte religieux au nom de son maître. (Caton, *De re rust.*, 83).

Le maître pouvait faire sortir l'esclave de la servitude, mais celui-ci devenu *client* ou *affranchi*, continuait à reconnaître l'autorité du chef ou patron ; il ne se mariait qu'avec son autorisation et ses enfants continuaient à obéir. Il se formait ainsi, dans le sein de la grande famille, un certain nombre de petites familles, clientes et subordonnées, qui composaient la *gens*. Ce n'est qu'à la fin de la République que le *client* devint l'affranchi ;

il n'y a entre eux qu'une différence, c'est qu'on était autrefois client de père en fils, et que la condition d'affranchi cesse à la seconde ou au moins à la troisième génération.

16. — III. *Division de la thèse.* — Nous prendrons nos principales divisions dans la famille; nous venons de voir ce qu'elle était aux premiers temps; à mesure que nous avancerons nous la verrons se modifier et donner naissance à des droits qui n'eussent pu trouver de raison d'être tout d'abord. Dans un premier chapitre, nous étudierons les *droits du père et des ascendants mâles paternels dans la succession ab intestat de leurs enfants.* Dans un second chapitre, nous étudierons *ceux de la mère, des ascendants maternels et des ascendantes paternelles,* toujours *dans la succession ab intestat de leurs enfants.* Dans un troisième et dernier chapitre enfin, nous étudierons les droits qui furent accordés à *tous les ascendants,* non plus dans la succession *ab intestat* de leurs enfants, mais bien à l'encontre *d'un testament* laissé par ces derniers.

Les droits des père, mère et ascendants varient nécessairement suivant l'état juridique de leurs enfants; nous savons maintenant que ceux-ci peuvent être fils de famille, adoptés, adrogés, *sui juris,* émancipés, affranchis; nous réunirons ces différents états sous les titres généraux d'enfants *alieni juris, sui juris, affranchis,* qui formeront autant de subdivisions.

Enfin nous suivrons toujours l'ordre chrono-
logique que nous indiquons plus haut en nous
attachant spécialement à ces trois grandes époques : la loi des XII Tables — la période de transition — les Novelles de Justinien.

CHAPITRE I.

DES DROITS DU PÈRE ET DES ASCENDANTS MALES PATERNELS DANS LA SUCCESSION *AB INTESTAT* DE LEURS ENFANTS.

17. — Avant d'entrer dans l'examen des droits
successoraux des ascendants, demandons-nous un
instant ce que c'est qu'un droit de succession? ce
que c'est que l'hérédité?

*Hereditas nihil aliud est quam successio in uni-
versum jus quod defunctus habuit* (L. 62, ff. *de
reg. jur.*). Dans la langue antique du droit le mot
hereditas n'est pas encore employé; l'ensemble
du patrimoine se nomme *familia*. C'est de cette
acquisition de la *familia* que vint le mot *heres*,
tiré de *herus*, maître de la famille « *veteres enim
heredes pro dominis appellabant* (Inst. 2, 19,
§ 7). Mais outre qu'il doit recueillir le patrimoine,

l'*heres* doit encore continuer la personne du défunt; c'est lui qui entretiendra le foyer domestique, qui présidera aux sacrifices dus au défunt
passé au rang des mânes.

Il était donc d'un souveraine importance pour
le Romain d'être assuré qu'un *heres* serait là tout
prêt à recueillir après sa mort non-seulement ses
biens, mais le dépôt sacré de son culte. Aussi
l'institution d'héritier par testament fut-elle toujours considérée comme une nécessité; mourir intestat était presque un déshonneur.

18. — *Uti legassit super pecunia tutelave suæ
rei, ita jus esto,* dit la loi des XII Tables (*legassit*
de *legare, legem dicere, legem condere,* faire la loi
de son hérédité[1]).

L'hérédité testamentaire est donc placée en première ligne; à son défaut seulement la loi décem-
virale règle elle-même l'hérédité : *si intestato
moritur....* Mais, si l'on réfléchit à ces deux dispositions, on est surpris de voir la première reconnaître formellement le droit du propriétaire à
décider du sort de ses biens après sa mort, tandis
que la seconde établit un régime qui est la néga-
tion des volontés normalement probables du dé-

---

1. « *Verbis legis XII Tabulorum his :* UTI LEGASSIT SUÆ
REI, ITA IUS ESTO, *latissima potestas tributa videtur, et heredis
instituendi, et legata et libertates dandi, tutelas quoque
constituendi.* » *Dig.* 50. 16. 120 f. *Pomp. — Ulp. reg.* 24.
1. « *Legatum est quod legis modo, id est imperative testamento relinquitur.* »

funt intestat. Tout système successoral, établi par
une législation qui reconnaît le pouvoir testamentaire, doit évidemment tendre à se rapprocher
dans la dévolution des biens, des volontés présumées
de celui qui n'a pu ou n'a pas voulu user de son
droit. Ici nous trouvons un système qui, de tous
ceux qu'offre l'histoire, est le *plus opposé aux no-
tions naturelles et aux sentiments de famille.* »
(Dalloz, Rép., v° Succession.)

19. — Préoccupé de cette opposition de vues,
Montesquieu (*Esprit des lois*, liv. XXVII) a avancé
que le testament dut être une innovation de la loi
des XII Tables, tandis que l'hérédité *ab intestat*
était une institution préexistante que les décemvirs auraient conservée. Pour appuyer cette opinion, l'on peut dire que l'expression *héritier sien et
nécessaire*, appliqué encore du temps de Gaïus et
Justinien, venait d'une époque où le fils ne pouvait ni être déshérité, ni refuser l'héritage ; le père
n'avait donc pas la libre disposition de sa fortune.
Toullier (t. IV, n° 119 et s.) pense, au contraire,
que la faculté de tester « *avait été en usage dès le
temps de Romulus* » ; il cherche l'origine de la
succession *ab intestat* dans une présomption de
volonté du propriétaire, présomption qui se rattache à la transformation, au profit des héritiers,
d'une occupation ou possession commune de fait
en une possession privative régulière. Peut-être
peut-on dire enfin que la succession *ab intestat* de
la loi des XII Tables ne s'éloigne pas tant qu'on le

croit de la volonté présumée du défunt (ce qui rendrait logiques les deux dispositions de cette loi), si l'on songe aux croyances et aux dogmes religieux des temps primitifs avec lesquels elle est en harmonie.

20. — Telle est l'hérédité dans les premiers temps de Rome; éclairé par la philosophie, le préteur essaye de glisser la raison dans les vides laissés par la loi civile; c'est ce qu'il appelle *supplere jus civile*. Puis il s'enhardit, il *corrige* le droit, mais c'est à l'aide de détours subtilement hypocrites; il n'ose attaquer de front, car s'il en est, lui, à l'incrédulité absolue, la masse du peuple en est tout au plus au doute.

La philosophie n'avait converti que les intelligences cultivées; le christianisme conquiert les humbles. On peut marcher franchement dans la voie des réformes : toutefois le sénat et les empereurs ne procèdent encore que par retouches; le vieil édifice, bigarré de restaurations disparates, reste debout, objet d'un respect nominal. Quatre siècles de plus, et les scrupules ont disparu : on crée de toutes pièces un système de succession *ab intestat* en harmonie avec l'idée nouvelle. C'est la volonté probable du propriétaire qu'on tâche de traduire; comme la loi des XII Tables l'avait peut-être autrefois tenté : si les deux traductions diffèrent radicalement, c'est que l'objet de la traduction s'est radicalement transformé d'une époque à l'autre.

Droit des XII Tables; droit prétorien; droit des
sénatus-consultes et constitutions impériales;
droit des Novelles de Justinien : telles sont les
quatre époques qu'on distingue habituellement
dans l'histoire du régime successoral romain, et
que nous ramenons, comme nous l'avons déjà
dit, à trois périodes principales : les XII Tables,
la période de transition, le droit des Novelles.

SECTION Iʳᵉ. — ENFANTS ALIENI JURIS.

21. — I. *Loi des XII Tables.* — Ce que nous
avons dit de la famille romaine simplifie singu-
lièrement notre tâche (voy. § 10 et suiv.), et nous
comprendrons de suite comment il se fait qu'aucun ordre dans la loi des XII Tables ne porte le
nom d'ascendants. Nous avons dit que dans la
famille il n'y a qu'une volonté, qu'une liberté,
qu'une individualité, celle de l'homme qui, parmi
les membres de la famille, est le plus rapproché
des ancêtres que la mort en a retirés. Les autres
n'acquièrent pas pour eux-mêmes, mais pour lui,
pour le chef; les autres n'ont pas de patrimoine,
et partant pas d'hérédité. Si donc ni le père, ni
l'ascendant paternel ne viennent à l'hérédité de
leur enfant ou descendant *in sacris positus*, ce
n'est pas l'aptitude qui leur manque, c'est l'occasion de l'exercer.

22. — Par la même raison, les ascendants qui
ne peuvent avoir de vocation spéciale, ne peuvent
pas davantage venir dans l'ordre des agnats, et il
est vrai de dire avec M. Demangeat, que « les
agnats qui forment le second ordre sont toujours
des collatéraux du *de cujus.* » (Cours de droit
Romain, t. II, p. 32.) Mais il n'en faudrait pas conclure que les ascendants paternels ne soient pas
les agnats de leurs descendants par les mâles;
ils ne sont pas dans l'ordre successoral des agnats,
mais ils sont agnats, même à l'égard des descendants qu'ils ont sous leur puissance (L. 196, pr.
D. *de verb. signif.*, et L. 12, *de suis et legit.*).

Ainsi les ascendants paternels ne peuvent succéder à leur descendant décédé *in sacris*, parce
qu'un fils de famille ne laisse pas d'hérédité : *quoniam nihil suum habent*, dit Ulpien.

23. — II. *Période de transition.* — Le préteur
n'ose pas encore porter la main sur la puissance
paternelle ; c'est aux empereurs que revient l'ini-
tiative en cette matière[1].

Nous lisons dans les Institutes de Justinien
(liv. II, t. XII) : « Les constitutions impériales
« ont permis aux fils de famille militaires de dis-
« poser par testament des choses acquises par
« eux dans les camps. Dans le principe, ce droit

1. *Si filius familias miles decesserit, si quidem intestatus,
bona ejus non quasi hereditas, sed quasi peculium patri de-
feruntur : Si autem testamento facto, hic pro hereditate habetur castrense peculium* (L. 2, D. Liv. XLIX, tit. xvii).

« accordé successivement par le divin Auguste,
« par Nerva et par l'excellent prince Trajan, ne le
« fut qu'en faveur de ceux qui étaient au service,
« mais plus tard, le divin Adrien le concéda éga-
« lement à ceux qui avaient obtenu leur congé,
« c'est-à-dire aux vétérans. » Voici donc le premier pas fait dans la voie du progrès en faveur
des fils de famille *militaires* par l'institution du
pécule castrans (*castrense peculium*). Ils sont pro-
priétaires du pécule, peuvent en disposer par
testament, mais s'ils n'usent pas de ce droit, ce
pécule ne donnera lieu, à l'ouverture de leur succession *ab intestat*, que vis-à-vis de leurs enfants
et de leurs frères ; s'ils n'en ont pas, ce pécule appartiendra à leur père par droit de puissance et
non pas de succession.

24.—Ce point, du reste, donna lieu à une controverse née des termes dont se sert Justinien :
« Si donc, continue l'empereur, ils ont fait un
« testament sur leur pécule castrans, ce pécule
« appartiendra à celui qu'ils auront institué héri-
« tier : *Si vero intestati decesserint nullis liberis vel*
« *fratribus superstitibus, ad parentem corum* JURE
« COMMUNI *pertinebit*) ; mais s'ils sont morts intes-
« tats, sans laisser d'enfants ou de frères, leur pé-
« cule appartiendra, D'APRÈS LE DROIT COMMUN, au
« chef de famille. » — *Jure communi*, là est la
base de la controverse ; faut-il dire que le
père peut prendre le pécule castrans *jure peculii*
ou *jure successionis ?* l'intérêt de la question est

facile à saisir. Si le père vient comme *héritier*, il n'acquerra que par l'adition, il sera tenu *indéfini- ment* des dettes ; il pourra réclamer l'*ensemble* des biens qui composent le pécule par la *petitio hæreditatis*. S'il vient *jure peculii*, il acquerra de plein droit par le seul fait de sa survie ; il ne sera tenu des dettes que jusqu'à concurrence du pécule ; il ne pourra réclamer les biens qui le com- posent qu'un à un par la *rei vindicatio*.

25. — M. Ortolan soutient la seconde opinion : « Je ne fais aucun doute, dit-il[1], que ces ex- « pressions (*jure communi*) signifient qu'il les « prenait par droit de pécule et non de succession. « D'abord la paraphrase de Théophile le dit for- « mellement : *jure communi id est tanquam pe- « culium paganum*. En effet, le droit commun, « était ici le droit de pécule et non l'ordre suc- « cessif tout exceptionnel établi sur les biens ma- « ternels (voy. *infra*, n°s 28 et s.)..... Enfin il de- « vient évident, d'après la comparaison des textes, « qu'ici le droit est attribué à celui des descen- « dants qui est investi de la puissance paternelle, « et que si, par exemple, l'aïeul et le père du dé- « funt vivent tous deux, c'est l'aïeul chef de fa- « mille qui, à défaut d'enfants ou de frères et sœurs « du défunt, prend les biens castrans ou quasi- « castrans ; tandis que ce serait le père qui pren- « drait par succession les biens maternels, parce

1. Explic. Hist. des Institutes, tome III, p. 20.

« que, dans ce cas, son union immédiate avec la
« mère et avec la ligne maternelle, d'où prove-
« naient ces biens, avait modifié l'ordre succes-
« soral établi en sa faveur, au préjudice du droit
« de puissance paternelle du chef. »

26. — Nous serions volontiers d'un avis contraire, et voici pourquoi :

Justinien, dans la loi 6, § 1", chap. vi-lxi, nous
dit : *Inducimus, ut in successione earum rerum
quæ extrinsecus filiisfamilias acquiruntur, jura
eadem observantur quæ nuptialibus rebus statuta
sunt ;* dans le *principium* de la même loi il nous a
déjà dit : *Si quis filius familias aliquid sibi ac-
quisierit, non ex ejus substantia cujus in potestate
sit, sed ab aliis quibuscumque causis quæ ex libe-
ralitate fortunæ vel laboribus suis ad eum perve-
niant.* C'est donc à *tous* les biens que le fils de
famille acquiert *extrinsecus* que Justinien étend
les règles de dévolution des gains nuptiaux et des
bona materna (v. *infra*, n° 30), qui font du père, à
son rang un *héritier.* D'un autre côté, il est impossible de dire que Justinien n'y fait pas rentrer les
pécules castrans et quasi-castrans, puisque quelques lignes plus bas il rappelle, craignant qu'on
ne pousse l'assimilation jusqu'au bout, que ces pécules restent en dehors de l'usufruit du chef de
famille.

Sous Justinien, ce qui était autrefois la règle
est devenu l'exception ; nous verrons tout à l'heure
que tout ce qu'un fils de famille acquiert *aliunde*

quam ex re patris lui constitue un patrimoine et peut, s'il décède en puissance, lui constituer une hérédité. Ce n'est plus désormais qu'à l'égard des biens qui proviennent *ex substantiâ patris* que les fils de famille *n'ont pas* d'héritiers. Dès lors, *jus commune* : c'est le patrimoine commun du fils de famille, c'est la succession. Les règles de *non-succession* qui subsistent pour le pécule profectice (*ex re patris*) forment l'exception, et l'expression *jus commune* est la dernière qu'il faudrait choisir pour les désigner.

Enfin, et c'est l'opinion de M. Ducaurroy, ne serait-il pas étrange de voir les enfants et les frères et sœurs appelés comme *héritiers*, tandis que le père le serait à un autre titre sur les mêmes biens! Un tel système mériterait au moins un texte formel et impératif, tandis que le passage des Instituttes dont nous nous occupons a bien plutôt le ton d'une exposition doctrinale. Le seul texte législatif, c'est la loi 6, qui ne fait pour les pécules castrans et quasi castrans aucune exception au droit commun, et le droit commun c'est l'hérédité!

27. — Le pécule *quasi-castrans* dont nous parlons dans la controverse précédente, et qui est assimilé sous Justinien au pécule castrans, ne fut créé que par Constantin en faveur des fonctionnaires ayant un emploi à la cour. Dans l'origine, il était l'objet d'une propriété moins complète que celui qui lui avait servi de modèle; il

n'était transmissible ni par testament ni par succession *ab intestat.*

Le pécule *profectice* que nous citons également se composait des biens provenant du fils de famille *ex re patris;* ces biens faisaient retour au père de famille sans donner dans l'origine ni même sous Justinien ouverture à *aucune succcession.* C'est pour cela que quoique créé le premier, avant même le pécule *castrans,* nous n'en avons pas parlé; et nous n'en parlons ici que pour mémoire. Ajoutons seulement qu'il faut probablement voir dans le retour au père de famille du pécule *profectice* l'origine de notre retour légal de l'art 747, que nous traiterons dans notre thèse française. (voy. page 87, n° 4).

28. — Jusqu'à présent nous n'avons vu que quelques fils de famille devant à leur position sociale le privilége de propriété, et, dans un cas, de succession testamentaire. Nous sommes en dehors du droit commun; rentrons-y avec Constantin en 319 (L. 1 C. *de Bonis mat.* 6-60). Ce prince décide que les biens provenant à *tout* fils ou fille de famille de la succession de sa mère, lui demeureront propres, mais que l'usufruit en appartiendra à son père de famille. Le fils de famille n'a sur ces biens aucun droit de disposition, soit expresse, soit tacite, et s'il meurt *in sacris,* son père joint la nue propriété à son usufruit primitif. Aux biens provenant de la mère on ne tarda pas à assimiler les biens venant des ascendants maternels.

29. — Théodose et Valentinien (l. 1 et 2 C. *de Bonis quæ lib.* 6-61) font d'abord pour les *lucra nuptialia*, c'est-à-dire pour les biens que tout fils ou fille de famille tient de son conjoint, ce que Constantin a fait pour les *bona materna.* Puis ils décident que les *lucra nuptialia* passeront d'abord, à la mort du fils de famille, *jure hereditatis*, à ses enfants, puis au père (l. 3 eod.) En 469, Léon et Anthemius (L. 4 C. eod. tit.) intercalent entre les deux ordres les frères et sœurs germains, consanguins ou utérins. Dans tous les cas, il faut bien remarquer que le père *exclu* conserve toujours l'usufruit, à moins qu'il ne soit pas chef de famille.

Nous voyons donc ici apparaître pour la première fois l'idée de succession du père, à raison de sa qualité de père et non pas de chef de famille. Ainsi le fils de famille a de son vivant la propriété de ses *lucra nuptialia*, l'usufruit en appartient au père (*pater*) ; à sa mort, ces biens passent à ses enfants, à leur défaut, à ses frères ou sœurs, enfin à son père (*genitor*), mais l'usufruit reste toujours au *pater familias*. Ce n'est que dans le cas où ce dernier est en même temps le *genitor* qu'il réunit la pleine propriété.

30. — La loi 3 applique aux *bona materna* les mêmes règles qu'aux *lucra nuptialia* « *eorum dominium quæ* EX MATRE VEL AB EJUS *linea pervenerunt* »; mais c'est là évidemment une interpolation des commissaires de Justinien. Ce n'est, en

effet, que par ce dernier empereur et en 529 (L. 11
C. comm, de succ, 6-59) que les biens *quæ ex
materná lineá descendunt* ont été assimilés aux
lucra nuptialia sous le rapport de la transmission
héréditaire. Les commentateurs ont appelé cette
partie du patrimoine du fils de famille : *pécule
adventice.*

31. — En résumé, dans cette période de transition nous voyons le progrès suivre deux idées
distinctes : idée de *constitution de patrimoine*
d'abord pour *certains*, puis, pour *tous* les fils de
famille, idée de *succession* sur les biens de ces
mêmes fils de famille. L'idée de constitution de
patrimoine se réalise par la création des pécules,
l'attribution des *bona materna* et *lucra nuptialia* ;
l'idée de succession par le pouvoir testamentaire
sur le pécule castrans, par la dévolution des *lucra
nuptialia*, des *bona materna* et enfin des pécules
castrans et quasi-castrans st l'on admet la seconde
opinion soutenue par nous dans la controverse.

32. — III. *Novelles.* — Nous avons dit (n° 7)
que Justinien qui se décide dans sa Novelle 118, à
faire table rase des anciennes institutions, commence ensuite à construire un nouvel édifice
successoral. En voici l'ordonnance :

1er Ordre : les descendants ;

2e Ordre : les ascendants, les frères et sœurs
germains et leurs enfants(nov. 127);

3e Ordre : les frères et sœurs consanguins ou
utérins et leurs enfants ;

4ᵉ Ordre : les autres collatéraux.

Les ascendants ont donc désormais un rang
de succession qu'ils doivent à leur qualité même
d'ascendants. Ils sont exclus par les descendants
(nous verrons tout à l'heure une exception); concourent avec les frères et sœurs *germains* et
leurs enfants, et excluent tous autres collatéraux.
La hiérarchie des affections naturelles est assez
bien suivie, quoique la distinction faite entre les
frères et sœurs germains et ceux qui sont seulement consanguins ou utérins, ne soit pas très-
heureuse.

33. — *Les ascendants sont* EXCLUS *par les descendants.* — Que les descendants soient en puissance, émancipés, donnés en adoption, adoptés,
ils excluent toujours les ascendants. Les *adoptés*
ont en effet un droit de succession *ab intestat* sur
les biens de l'adoptant, *quoiqu'ils* ne sortent plus
de leur famille naturelle. Les *émancipés ou donnés en adoption* conservent un droit de succession
sur les biens de leur père *parce qu'ils* ne sortent
plus de leur famille naturelle. Cependant il est un
cas où même sous Justinien les enfants donnés en
adoption sortent de leur famille, c'est quand ils
sont adoptés par un *ascendant*. Faut-il dire, dans
ce cas, qu'ils perdent leurs droits et ne font plus
obstacle à l'ordre des ascendants? Nous ne le
croyons pas. Quand Justinien conserve en faveur
des adoptions faites par les ascendants l'effet produit dans l'ancien droit, c'est-à-dire la sortie de

la famille naturelle, il n'enlève pas plus que l'ancien droit à l'enfant ainsi adopté sa qualité de fils selon la nature; or cette qualité donnait autrefois le rang de *cognat* et le fils pouvait encore succéder à son père à ce titre; le rang de cognat n'existant plus, il ne reste donc pour lui que le rang de *descendant*, qui lui donne vocation avant les ascendants.

Quand les descendants sont simplement *liberi naturales* ils *concourent* avec les ascendants; c'est l'exception signalée plus haut; ils prennent deux onces, c'est-à-dire les deux douzièmes de la succession (*Nov.* 89, cap. xii, § 4). Les *nepotes naturales*, et les *liberi spurii* dont la filiation est certaine n'ont point droit à la succession. — S'il s'agit de la succession d'une femme, les *liberi naturales* et même les *spurii* paraissent devoir écarter les *ascendants* mêmes légitimes. La loi 5 C. *ad Orphitianum* (6-57) décidait ainsi, et il semble qu'elle dût être encore applicable.

Le père est appelé à la succession d'un enfant né *ex concubinatu* (*Nov.* 89, cap. xiii).

34. — *Ordre de succession des ascendants* seuls. — Le plus proche exclut le plus éloigné; la représentation n'a pas lieu pour les ascendants.

S'il y a plusieurs ascendants au même degré, le concours s'établit par tête s'ils sont dans la même ligne, ou par ligne dans le cas contraire, sans distinction de sexe. Pour qu'il y ait partage

par ligne, il ne suffit pas qu'il y ait des ascendants dans les deux lignes, il faut encore qu'ils
soient égaux en degré; c'est probablement par
distraction que M. Fresquet (*Tr. de Dr. rom.*, t. II,
p. 40) soutient le contraire.

Nous venons de dire que les ascendants d'égal
degré viennent en concours. Cela doit-il s'entendre même des ascendants adoptifs ?

M. Demangeat enseigne (t. II, p. 117) que si
le *de cujus* donné en adoption laisse à la fois ses
père et mère naturels et son père adoptif, il y
aura concours. Nous nous demandons, quant à
nous, comment pourra dans ce cas se faire le
partage. Sera-ce par lignes, comme entre ascendants d'égal degré et de lignes différentes? mais
alors comme il ne peut y avoir que deux lignes,
donnera-t-on moitié à la mère, tandis que le
père naturel et le père adoptif, considérés l'un et
l'autre comme membres de la ligne paternelle
n'auront chacun que un quart? Ce résultat étrange
le serait encore bien plus si le père adoptif compté
dans la ligne paternelle se trouvait être un ascendant maternel! Partagera-t-on par têtes? Mais il
y aura alors dérogation aux principes, et sur quel
texte la fondera-t-on?

La Nov. 118 ne parle pas du père adoptif et
n'établit le droit héréditaire que sur le lien du
sang, pourquoi, dès lors, ne pas éviter toutes ces
difficultés en lui refusant tout droit à la succession? Nous verrons d'ailleurs plus loin le père

adoptif exclu par la mère naturelle (L. II, § 15, et L. III, *D. ad Tertull.* 38-17).

34 *bis.* Ici se présente une petite difficulté : lorsque le *de cujus* meurt en puissance, laissant un pécule *adventice*, le père conserve-t-il l'usufruit sur la totalité des biens au préjudice de la mère? — Lebrun (*Success.*, ch. v. sect. 1, n° 4) adopte l'affirmative, par ce motif que l'usufruit ne finit pas par la mort du nu propriétaire, mais par celle de l'usufruitier.

35. — *Ordre de succession des ascendants* EN CONCOURS *avec des frères et sœurs germains.*

Le plus proche ou les plus proches des ascendants concourent avec les frères et sœurs germains (*Nov.* 118, cap. II). Selon M. Fresquet, les frères et sœurs germains excluraient tous les ascendants autres que père et mère : c'est encore probablement là une distraction. Le partage se fait par tête; cela semble clair et cependant cela a donné lieu à bien des interprétations. Supposons en effet un frère germain, un aïeul dans une ligne, un aïeul et une aïeule dans l'autre. Les uns ont dit : le frère aura un quart, et le surplus sera divisé en deux parts égales, l'une pour l'aïeul seul dans sa ligne, l'autre pour les deux aïeuls de l'autre ligne, car entre ascendants d'égal degré le partage se fait par lignes. Les autres ont soutenu que le partage devait se faire par tête, non-seulement entre le frère germain et les ascendants, mais même entre les ascendants : dans l'espèce, chacun prendrait un quart (Merlin, *Rép.*, v° Représ., sect. 1re, § 3, 1.) On propose encore un troisième système, le partage par souches. Le frère germain doit avoir à lui tout seul autant que chaque ligne d'ascendants; dans l'espèce les deux ascendants de la même ligne ne compteront que pour une tête et prendront un tiers, l'ascendant seul l'autre tiers, le frère aura le dernier.

36. — La représentation est admise par la *Nov.* 118, au profit des enfants des frères et sœurs prédécédés, mais seulement à l'encontre des frères et sœurs survivants. La *Nov.* 127 l'admet même quand il y des ascendants; le partage se fait alors par souches, c'est-à-dire que les enfants du frère prédécédé ne prennent à eux tous que la part de leur auteur.

La *Novelle* 127 ne prévoit pas le cas où *tous* les enfants sont prédécédés, laissant eux-mêmes des enfants. Les ascendants prendront-ils toute la succession, ou bien les petits-enfants succéderont-ils en concours avec eux? Cujas soutient la première opinion et s'appuie sur ce que la représentation est de droit étroit; nous croyons que la seconde est manifestement dans l'esprit de la *Novelle*. Dans le cas où le frère succédant en commun avec son père, serait encore *in potestate*, Justinien décide, par dérogation à la puissance paternelle, que les biens dont il hérite ainsi seront affranchis de l'usufruit du père. Sans cela le père se serait trouvé avoir plus que sa part.

37. — *Successio graduum; successio ordinum.*
Lorsque l'ascendant que son degré appelait à
la succession vient à faire défaut, on passe à l'ascendant ou aux ascendants du degré subséquent,
*quand il n'était pas en concours avec des frères et
sœurs; c'est la successio graduum.* S'il n'y a aucun
ascendant on passe au troisième ordre de succession, c'est la *successio ordinum.* — Si, au contraire, il se trouvait en concours avec des frères
et sœurs, sa part *accroît* à ses cohéritiers, et l'ascendant du degré subséquent ne vient pas en
ordre utile. On a invoqué contre cette solution
le § 18 de la loi 2 D. *ad Tertul.* 38-17 que nous
expliquons plus loin; disons seulement ici que
dans ce texte il ne s'agit pas plus de *successio
graduum* que d'accroissement, mais d'une dévolution d'ordre à ordre; il n'a donc rien à faire ici.

38. — Terminons en disant que le système de
la *Novelle* est le règlement uniforme de *toute* succession [1]. « *Necessarium esse perspeximus,* dit la
préface, *omnes simul ab intestato cognationem
successiones per præsentem legem clara compen-
diosaque divisione disponere,* etc.... » Tous les
ascendants sont appelés ; « *Nulla servanda diffe-
rentia inter personas istas, sive feminæ, sive
masculi fuerint qui ad hereditatem vocantur et
sive per masculi, sive per feminæ personam copu-
lantur* (cap. iv). — Justinien écarte les hérétiques

1. Voyez toutefois ce que nous disons des *Affranchis,*
n° 64.

de la succession de leur parent orthodoxe ; nous retrouvons donc dans le système final des *Novelles* l'idée religieuse que nous avions déjà trouvé dans les temps primitifs ; c'est qu'un grand progrès restait encore à accomplir, nous voulons parler de la notion et de la mise en pratique de la liberté de conscience, la grande conquête des sociétés modernes.

SECTION II. — ENFANTS SUI JURIS.

39. — 1. *Loi des XII Tables.* — Nous savons (v. n° 21-22) que les ascendants ne peuvent succéder sous la loi des XII Tables à leurs enfants *en puissance,* par l'excellente raison que ceux-ci ne peuvent laisser d'hérédité. S'il s'agit d'enfants *émancipés* ou *sui juris,* ils ne peuvent succéder davantage. En effet, l'émancipé étant par l'effet même de l'émancipation sorti de la famille (*e sacris egressus*), les ascendants ont cessé d'être ses agnats, et, par conséquent, ne peuvent être ses héritiers.

En dehors de l'émancipation l'enfant ne peut devenir *sui juris* que par la mort de ses ascendants; dans ce cas, ceux-ci ne peuvent hériter puisqu'ils sont prédécédés ; ou par la mort de

leur *chef de famille*, quoique leur père ou aïeul
existe encore (voy. les espèces, n° 14 *bis*); dans
ce dernier cas, l'ascendant survivant ne peut hériter davantage, car le lien d'agnation qui existait
primitivement entre lui et le *de cujus* a été nécessairement brisé du vivant du *paterfamilias*.

40. — Comment se fait-il donc que sous la loi
des XII Tables les ascendants soient dans certains
cas héritiers? Nous avons dit qu'ils ne peuvent
l'être dans aucun cas en qualité pure d'ascendants, ni même en qualité d'agnats! quel est donc
le titre qu'ils devront invoquer? celui d'ascendant *émancipateur*. Ainsi, pour qu'il y ait une
succession d'ascendant sous la loi des XII Tables,
le titre d'ascendant, le titre d'agnat ne suffisent
pas, il faut y joindre celui d'émancipateur, et encore l'ascendant qui l'invoquera ne viendra que
loco patroni ! Expliquons-nous.

41. — *Droit de l'ascendant émancipateur.* —
Dans l'affranchissement de l'esclave tel qu'il était
réglementé par la loi des XII Tables, le *patron*
conservait, même après l'affranchissement, une
certaine autorité sur l'affranchi et des droits de
succession sur ses biens. L'émancipation naquit
d'une imitation détournée de l'affranchissement:
trois ventes pour les fils, une pour les filles (*mancipations*) faites par le père, suivies d'affranchisse-
ments de la part de l'acquéreur, suffisaient pour
rendre l'enfant *sui juris*. Le contrat de *fiducie* fut
imaginé pour obliger l'acquéreur à retransmettre

la propriété de l'enfant au père qui en devenait ainsi le *patron* après un dernier affranchissement. En sa qualité de *patron*, le père put dès lors avoir une vocation héréditaire sur les biens de son fils émancipé ; il venait le premier immédiatement après l'ordre des héritiers siens par préférence à tous autres agnats.

La loi des XII Tables appelait à la succession de l'affranchi, à défaut du patron, la descendance du patron. L'assimilation de l'émancipé à l'affranchi fut-elle poussée jusqu'à cette conséquence ? — Primus émancipe son petit-fils Tertius et garde sous sa puissance son fils Secundus, père ou oncle de Tertius. Il meurt, Tertius meurt ensuite sans héritiers siens. Secundus pourra-t-il réclamer les droits d'émancipateur ? La négative paraît résulter du texte des *Instilutes* (III, tit. II, § 8), qui ne cite que le *parens qui emancipat*, et de la L. I, § 5 D. *Si a parente* (37-12), qui n'accorde la *bonorum possessio contra tabulas dimidiæ partis* qu'à l'émancipateur et non à ses enfants[1].

Il y avait d'ailleurs de bonnes raisons pour ne pas pousser cette assimilation jusqu'au bout. L'affranchi n'a jamais eu d'agnation, et, par conséquent, rien ne répugne à ce qu'on lui en crée une fictive; il n'en est pas de même pour l'enfant émancipé. L'agnation ancienne est devenue pour l'émancipé simple cognation, mais elle n'a pas

1. En ce sens, M. Ortolan, *Explic. des Inst.*, nᵒˢ 221-1031 ; M. Demangeat, I, p. 367.

disparu absolument. On se décida à lui créer une agnation fictive en faveur du *manumissor*, mais on n'osa pas étendre la tutelle légitime des agnats aux enfants de l'émancipateur (ceux-ci ne pouvaient être que tuteurs fiduciaires, *Inst.* I, tit. xix pr.), ni à plus forte raison leur donner une vocation héréditaire.

42. — La perte de la liberté et de la cité entraînaient la *grande* et la *moyenne capitis deminutio*, mais : « *Cum et libertas et civitas retinetur*, dit Paul, FAMILIA *tantum mutatur*, MINIMAM *esse capitis deminutionem constat.* » L'émancipation avait donc seulement pour résultat une *petite* diminution de tête. Nous n'avons pas à entrer ici dans les discussions savantes auxquelles ont donné lieu les *capitis deminutiones*; disons seulement que l'idée de *perte d'état* se trouvait dans les deux premières, tandis que la petite ne comprenait que l'idée de *changement d'état* du droit civil romain.

43. — II. *Période de transition.* — Avant d'entrer dans l'explication des changements survenus pendant cette période dans la position et les droits des ascendants, disons tout de suite que le *contrat de fiducie* dont nous venons de voir l'origine devint de droit commun sous Justinien : « *Quod ex nostra constitutione omnimodo inducitur, ut emancipationes liberorum* SEMPER VIDEANTUR *contracta fiducia* FIERI. » (*Inst.* III, 2, VIII.)

La première réforme du préteur, en faveur des

ascendants et de tous les membres de la famille purement naturelle, fut la création de l'ordre des *cognats.*

Dans l'origine on n'avait connu d'autre parenté que l'agnation; puis, sous le nom de *cognat* (*quasi ex uno nati*)[1], on désigna les parents par les femmes; enfin, l'expression *cognatio* fut étendue à tous les parents quelconques, et l'agnation n'en fut plus qu'une espèce privilégiée[2]. Il fut même admis que la cognation était impliquée forcément, en dehors de tout lien naturel, par l'agnation résultant de l'adoption, autant du moins que durait cette agnation[3].

44. — Le préteur reconnut un titre à la succession dans la qualité générale de cognat, et y adapta ce que l'on appelait la *bonorum possessio;* celle-ci, employée jusque-là à *confirmer* le droit civil, fut dès lors appelée à le *compléter* (*supplendi juris gratiâ*).

La *bonorum possessio* originaire n'avait pour but que d'attribuer à l'un des prétendants la possession intérimaire des biens de la succession. Elle était donnée par le magistrat après l'accomplissement des formalités du *sacramentum* et durait jusqu'au jugement des centumvirs sur la *petitio hereditatis.*

1. L. 1. § 1. D. *Unde cognati,* 38-8.
2. G. 1. § 156. — Paul, sent. IV, tit. VIII, § 14. — Laferrière, *Hist. du Droit,* t. I, p. 78.
3. L. 23. D. *De adopt.,* 1-7.

Celui qui l'obtenait avait l'avantage de pouvoir se faire mettre en possession effective par l'interdit *quorum bonorum*. Aussi l'usage s'établit bientôt de la demander même en dehors de toute contestation ; elle passa d'abord dans la jurisprudence et bientôt dans l'édit des préteurs. La *bonorum possessio* fut dès lors assurée à celui qui avait le meilleur titre à l'hérédité, aux héritiers siens, sous le nom de *bonorum possessio* UNDE LIBERI ; aux agnats et à tous ceux que la loi des XII Tables appelait à leur rang sous le nom de *bonorum possessio* UNDE LEGITIMI.

45. — De là à accorder la *bonorum possessio* au plus proche cognat lorsqu'il n'y avait pas d'héritier du droit civil, la distance n'était pas grande. On commença sans doute par des décisions d'espèces, *cognita causâ*; enfin il y eut aussi un édit UNDE COGNATI.

On ne saurait dire précisément à quelle époque remonte l'édit *unde cognati* ; Cicéron en parle dans son plaidoyer *pro Cluentio* (n° 60) ; il est probable qu'il faut le placer entre l'époque de la naissance du grand orateur (an de R. 647) et celle où il prononçait ses harangues.

46. — Le *bonorum possessor* n'est pas *heres*, il est simplement *loco heredis* ; mais s'il a continué sa possession effective des biens pendant un an, l'*usucapio pro herede* est accomplie, et il est devenu *dominus* (G. II, §§ 53-58). On voit avec

quelle habileté le préteur tire parti du droit civil pour arriver à ses propres fins.

47. — La *bonorum possessio unde cognati* profite à tous les ascendants sans distinction de ligne ni de sexe; elle est donnée même dans la succession d'un *capite minutus*, par conséquent d'un émancipé, la perte de la famille agnatique ne saurait plus en effet avoir aucune influence sur la cognation. Ceux qui l'invoquent viennent en troisième ordre, et il est loisible à ceux qui auraient pu invoquer un titre meilleur, d'y recourir encore. Ainsi l'ascendant émancipateur qui est héritier du second ordre conserve son droit à la *bonorum possessio unde cognati*, quand il n'a pas réclamé l'*hereditas* en invoquant son titre d'émancipateur.

Logiquement elle aurait dû être accordée au père pour succéder à ses *liberi naturales*, dont le lien entre lui et eux est constaté; nous croyons cependant, les textes ne fournissant aucun appui à cette déduction, qu'il est plus sûr de dire avec M. Demangeat (t. II, p. 56) que la cognation n'est pas ici prise en considération.

48. — Les héritiers siens et les agnats ou le *manumissor* passent avant les cognats. Cependant il peut arriver que ceux-ci viennent au deuxième et même au premier rang. Ils viennent au deuxième quand le *de cujus* était du sexe féminin, ou qu'étant du sexe masculin il n'était pas issu de justes noces, — car les femmes n'ont pas d'héritiers siens, et les *liberi naturales* ou les *vulgo quæsiti*

naissant *sui juris*, n'ont ni agnats, ni émancipateur (à moins d'une adrogation). Ils viennent au
premier rang lorsque les deux cas ci-dessus se
trouvent réunis, c'est-à-dire quand le *de cujus* était
une femme née hors de justes noces.

49. — Tous les cognats jusqu'au sixième degré
(et même en un cas au septième), peuvent succéder en vertu de l'édit, mais ils ne viennent pas
confusément. Les plus proches excluent les plus
éloignés. A égalité de degré, il y a concours :
« *Omnes simul admittuntur* » (L. 1, § 10, *D. unde
cog.*). — Ainsi un *sui juris* non émancipé peut
laisser à sa survivance son père et sa mère (*sup.*
n° 16, 1re espèce); cette hypothèse se réalisant, le
père et la mère concourront « *bonorum possessionem habebit mater cum patre, quasi cognata* »,
dit la loi 2, § 18, *D. ad Tertull.* Il en est de même
dans la succession d'un émancipé, pourvu que le
père ne soit pas l'émancipateur; cette égalité ne
nous paraît pas contestable; il faudrait une exception au principe général, et il n'y en a pas trace.

Le concours entre cognats d'égal degré a lieu
alors même que l'un appartient à la ligne directe
et l'autre à la collatérale, ou que, tous deux ap-
partenant à la ligne directe, l'un est dans la ligne
descendante et l'autre dans la ligne ascendante.
Ainsi : 1° l'oncle maternel (*avunculus*) et le neveu
(*filius sororis*), viennent en concours avec le bisaïeul maternel (*proavus avi materni pater*), —
ils sont tous au troisième degré; — 2° le petit-fils

(*filius filiæ*), le frère ou la sœur non agnats, concourent avec l'aïeule paternelle, l'aïeul et l'aïeule maternels, ils sont tous au deuxième degré; — 3° le fils et la fille *non sui* du défunt concourent avec sa mère et, s'il y a lieu, avec son père, tous sont au premier degré.

50. — Dans ce dernier cas, c'est-à-dire lorsque les enfants sont devenus *non sui* par une *capitis deminutio*, réalisée soit dans leur personne soit dans celle de leurs ascendants (L. 4, *D. si tab. test.*, 38-6), la conséquence du principe violait trop ouvertement les intentions probables du défunt, pour que le préteur ne cherchât pas à l'esquiver. C'est sans doute dans ce but qu'il donna à ces enfants *non sui* la *bonorum possessio unde liberi*; c'était corriger la loi, c'est-à-dire la faire : le préteur s'en tira par une fiction de rescision de la *capitis deminutio* (L. 6, § 1, *D. de bonor. posses.*, 37-1).

Le remède est d'ailleurs insuffisant. Lorsque le *de cujus* est une femme, il ne peut être question de *sui*, ni légalement ni dès lors *fictivement*, et rien ne peut éviter le concours des père et mère de la défunte avec ses enfants. Ce concours a encore forcément lieu, alors même que le *de cujus* est un homme, si son fils a été *donné en adoption*, et se trouve encore *sous la puissance* du père adoptif; car le préteur n'est pas allé jusqu'à accorder les droits d'héritier sien dans la famille naturelle à celui qui, à la faveur de l'agnation civile subsistante, jouit des mêmes droits dans la famille adoptive (*Inst.*, III-I, § 13. — L. 2, § 9, *D. ad Tertull.*). Enfin, les enfants de la fille du défunt restent exposés au concours de l'aïeule paternelle, de l'aïeul et de l'aïeule maternels.

51. — Les ascendants concourent donc tantôt avec les descendants, tantôt avec les collatéraux ; ce pêle-mêle vicieux qui méconnaît la gradation normale des affections, vient de ce que le préteur ne reconnaît pas à l'ascendant un titre *spécial*. Il s'en tient à la qualité générale de cognat, qui comprend *tous* les parents.

L'influence du droit des XII Tables se faisant encore sentir avec persistance conduit à des résultats iniques. L'ascendant qui a la *bonorum possessio unde cognati* est exclu par l'ordre des héritiers siens et par ceux que le préteur y assimile, jusqu'ici rien de mieux ; mais il est aussi exclu par le *manumissor* s'il s'agit d'un émancipé, par le plus proche agnat dans le cas contraire. Or le *manumissor* peut n'être pas même parent du défunt ; les agnats sont appelés sans limitation de degré (*Inst.*, III, V, § 5), il pourra donc arriver qu'un étranger quelquefois, que souvent un cousin, tant éloigné qu'on voudra, pourvu qu'il se rattache au défunt par une série de générations masculines non brisées par des *capitis deminutiones*, recueillera la succession avant tous les ascendants du défunt, avant sa mère, avant son père, dans l'hypothèse où le *de cujus* peut laisser son père !

Pour restreindre l'inconvénient résultant de cette préférence des agnats, le préteur appliquait avec empressement la règle *in legitimis heredita-tibus successio non est;* il considérait la loi comme satisfaite et appelait les cognats dès que le plus proche agnat ne faisait pas adition (*G.* III, § 28. — *Inst.,* III-II, § 7); c'était là un palliatif insuffi-sant.

Quant aux droits d'émancipateur, la clause *de fiducie* la réservait ordinairement à un ascendant; mais il se pouvait qu'on l'eût omise, et c'est en vue de ce cas que le préteur institua la *bonorum possessio unde decem personæ,* dont nous allons maintenant parler.

52-3. — *Bonorum possessio unde decem personæ.*

Cette *bonorum possessio* fut instituée par le pré-teur pour favoriser, au préjudice du *manumissor extraneus,* dix cognats. Il s'agit donc de la suc-cession d'un émancipé *non contracta fiducia,* puis-qu'il y a un *manumissor* EXTRANEUS. Les dix cognats favorisés sont : les parents en ligne directe jusqu'au deuxième degré, et les frères et sœurs. Le père, la mère, les aïeuls et aïeules paternels et maternels y sont donc compris. Ils passeront désormais avant le *manumissor extraneus,* qui pourtant vient *loco patroni* en qualité d'*heres legitimus.*

54. — La clause *de fiducie* profite à un seul as-cendant, toujours du sexe masculin et de la ligne paternelle, quel que soit d'ailleurs le degré de sa parenté. — La *bonorum possessio unde decem* pro-

tége tous les ascendants, sans distinction de sexe
ni de ligne, mais pas au-delà du deuxième degré.
— La clause *de fiducie* attribue à l'ascendant un
droit exclusif; la *bonorum possessio unde decem*
expose l'ascendant à un partage avec des parents
au même degré que lui, ascendants, descendants
ou collatéraux. Fondée en effet sur le lien naturel,
comme la *bonorum possessio unde cognati*, elle est
soumise aux mêmes règles : exclusion des plus
éloignés par les plus proches, concours à égalité
de degré.

55. — Y avait-il exception pour le cas où le défunt laissait son père et sa mère? Dans l'hypothèse
enseigne M. Demangeat (t. II, p. 90), le père prend
seul toute la succession.

M. Demangeat invoque un texte de Modestin
(L. 10 *D. de suis et legit.*, 38-16) ainsi conçu :
« *Si ad patrem manumissorem filii intestati legi-*
tima hereditas perveniat, vel non manumissori bo-
norum possessio competat, mater defuncti summo-
vetur. »

« Cette *bonorum possessio*, dit-il, qui appartient au *pater non manumissor* ne peut être que la
bonorum possessio unde decem personæ. »

Nous croyons, nous, qu'elle peut aussi bien être
la possession *unde cognati*. En effet, Modestin fait
allusion à deux hypothèses, l'une où le père se
présente à l'hérédité légitime comme *manumissor*,
l'autre où il obtient un *bonorum possessio* sans
invoquer cette qualité. Or, s'il ne l'invoque pas,

ce peut être parce qu'elle appartient à un *extraneus*, comme le suppose M. Demangeat, mais, ce
peut être aussi parce qu'elle n'appartient à personne, soit que l'aïeul émancipateur soit prédécédé, soit que le défunt *sui juris*, qui laisse son
père, n'ait jamais subi d'émancipation (*sup.* n° 46),
et alors c'est de la *bonorium possessio unde cognati*
qu'il s'agit (v. aussi *inf.* n° 77, 3°).

56. — Les autres réformes apportées par Justinien dans la succession des enfants *sui juris* sont
tellement liées à l'explication du sénatus-consulte
Tertullien, que nous sommes forcé, pour les
rendre compréhensibles, de les renvoyer après
l'explication de ce sénatus-consulte (v. n° 83).

57. — III. Novelles. — Nous n'avons rien à
ajouter ici, le système exposé n° 32 et suivants
s'appliquant, comme nous l'avons dit, aussi bien
aux enfants *sui juris* qu'aux enfants en puissance.

SECTION III. — ENFANTS AFFRANCHIS.

58. — Les enfants *alieni juris* et *sui juris* dont
nous venons de nous occuper sont compris en
droit romain sous la dénomination d'*ingenus*,
c'est-à-dire nés de personnes libres. Les enfants nés
au contraire d'esclaves sont esclaves, et comme tels

ils n'ont pas de famille; nous n'avons pas à nous en occuper ; mais ils peuvent devoir leur liberté à la munificence de leur maître, dès lors ils deviennent *affranchis* et comme tels ils peuvent avoir une famille. Cherchons donc quelles ont été à toutes les époques les droits successoraux des ascendants d'un affranchi.

59. *Loi des XII Tables.* — *Tous* les affranchis sous la loi des XII Tables peuvent avoir une hérédité. Plus tard on distingua trois classes d'affranchis : les affranchis citoyens romains, latins-juniens et déditices; les premiers pouvaient, les seconds ne pouvaient pas avoir une hérédité; quant aux déditices ils étaient traités en citoyens ou en latins-juniens, selon qu'ils auraient été dans l'une ou l'autre condition, abstraction faite des fautes qui les avaient réduits à l'état de déditices. Passons.

Il ne saurait être question sous la loi des XII Tables non-seulement d'ascendants pour un affranchi, mais même d'agnats quelconques autres que des descendants. L'affranchi n'a commencé à être une personne qu'à partir de son affranchissement, il ne peut avoir de famille que celle qui ne remonte pas au delà.

S'il est du sexe masculin il pourra se donner des héritiers siens, mais non des agnats ordinaires, car il n'a pas d'ancêtres, pas de *sacra ;* son seul ancêtre est son patron, aussi est-ce le patron ou ses descendants qui lui tiennent lieu d'agnats.

60. *Période de transition.* — Cette situation a subsisté jusqu'à Justinien.

La reconnaissance par le préteur de la parenté naturelle ne profita pas à la cognation servile, car il est impossible d'aller chercher une parenté là où il y a un esclave qui n'est pas une personne. Même impossibilité de donner à l'ascendant d'un affranchi, quand bien même il eût été lui-même affranchi, la *bonorum possessio unde cognati.* Remarquons cependant en passant que le préteur semble reconnaître leur qualité d'ascendants quand il donne au patron la *bonorum possessio contra tabulas dimidiæ partis*, en l'obligeant à exécuter les legs qui sont faits aux ascendants de l'affranchi. Nous ne devrions même pas nous servir de l'expression cognation servile, il n'y a pas légalement de cognation et ce n'est que par une extension irrégulière qu'on peut l'employer (L. 10, § 5, *D. de grad. cogn.* 38-10).

61. — Justinien (*Inst.*, tit. vi, § 10) révolutionna toute cette théorie en reconnaissant qu'un lien de cognation unit légalement, malgré leur naissance et leur conception en servitude, les enfants des affranchis à leurs père et mère affranchis. Il reconnaît de même à ces enfants la qualité de frères soit entre eux, soit à l'égard des enfants ingénus du père ou de la mère.

Si l'on s'en tient au texte des Instituts (liv. III ch. vii, *De successione libertorum*), Justinien n'aurait pas admis à la succession des affranchis toute

leur cognation servile, mais seulement leurs enfants : *si sine liberis decesserint, si quidem intestati, ad omnem hereditatem patronos patronasve
vocavimus* (§ 3).

Les Instilutes renvoient dans le même paragraphe à une constitution de Justinien qui ne nous
est pas parvenue dans son texte original. Cette
constitution, qui complétait la règle des Institutes,
a cependant pu être à peu près reconstituée à
l'aide des Basiliques, elle forme la loi 4, C. *de bonis libert.* (6-4) et son § 8 appelle après les enfants, les ascendants et les frères : *post liberos vocantur deinde ceteri ascendentes et parentes liberti, et fratres, si modo sint liberi id est manumissi.*

D'un autre côté, le § 3 du tit. vii qui ne parle
que des enfants, est complété par les Institutes
elles-mêmes dans le § 10 du tit. vi qui accorde aux
frères le droit de succéder. Si donc ce § 3 est in-
complet en un point, il peut bien l'être en un autre
et l'on est fondé à dire que les ascendants qu'il
oublie étaient, eux aussi, appelés à la succession
de l'affranchi. C'est d'ailleurs l'opinion la plus
accréditée.

62. — Reconnaissons toutefois que cette doctrine, en ce qui touche les ascendants, est susceptible d'une contestation sérieuse.

La constitution à laquelle les Institutes font
allusion (§ 3) est une constitution écrite en grec ;
sait-on la portée exacte de cette constitution? Si elle
est antérieure aux Institutes on a raison de recon-

naître le droit des ascendants ; mais ne pourrait-
elle pas au contraire n'être qu'une application
pure et simple de la Novelle 118, qui appartient à
la 3ᵉ période et qui marque la date de la refonte
radicale du droit successoral ? Il ne faut pas ou-
blier que les Basiliques où on a cru la trouver,
sont avant tout un ouvrage de pratique, dans lequel le droit des Novelles est confondu et fondu
avec celui du Digeste et du Code. — En admettant cette conjecture, il faudrait dire que pendant
toute cette deuxième période, dont nous nous occupons présentement, les ascendants sont demeu-
rés sans droit à la succession d'un descendant affranchi.

63. — L'opinion la plus accréditée, avons-nous
dit, reconnaît au contraire le droit des ascendants,
même avant l'époque des Novelles ; quel était
alors, à défaut d'enfants, l'ordre respectif des ascendants et des frères dans la succession ? Dans
un premier système on peut dire que le § 8 de la
constitution restituée (L. 4, C.) paraît énumérer
les ascendants et les frères sans les classer les uns
par rapport aux autres : *post liberos vocantur
deinde ceteri ascendentes et frater ;* donc ils composaient tous un seul et même ordre ayant pour
règles, comme la *bonorum possessio unde cognati*,
que le plus proche exclut le plus éloigné, et qu'à
égal degré il y a concours.

Dans un second système, on pourra argumenter de ce que les ascendants sont, dans le texte,

nommés avant les frères, et dire qu'ils venaient par conséquent, quel que fût leur degré, avant ces derniers.

Dans un troisième enfin, on invoquera la tendance des réformes du droit de Justinien dans les successions des ingénus. Nulle part nous n'avons vu les ascendants préférés aux frères ; tout au plus certains ascendants concourent-ils avec eux ; il en est ainsi notamment dans la succession 'de l'émancipé (v. n°s 49 et s.) et l'argument sera d'autant plus sérieux que la succession à l'émancipé est issue de la succession du patron à l'affranchi (v. n°s 40 et s.), et que des principes communs les ont généralement régies. On dira donc : les frères et sœurs passent avant les ascendants, 'et si ces derniers sont nommés les premiers dans le § 8, c'est purement *honoris gratia*, la Novelle 118 fera du reste de même plus tard et les nommera même avant les descendants !

64. III. *Novelles.* — Nous avons dit que la réforme finale de Justinien s'appliquait à *toute* succession ; faut-il y comprendre la succession des affranchis ; en d'autres termes, la Novelle 118 s'applique-t-elle à cette dernière succession ?

La question ne peut évidemment se poser qu'en admettant, avec l'opinion générale, que la constitution dont parle Justinien au § 3 du tit. vii des Inst., et qui est restituée au code (L. 4, § 8) est antérieure à la Novelle 118.

Cela étant, que dans la réglementation de la loi

du Code les ascendants vinssent après ou avant les frères et sœurs ou en concours, il y a toujours une différence avec la Novelle. — Faut-il dire dès lors que la Novelle s'est substituée au système du Code ? On peut en douter. Quelque généraux que soient ses termes, elle n'a eu pour but, comme son titre même l'indique, que la suppression de toute différence entre l'agnation et la cognation ; or, ni les frères et sœurs de l'affranchi ni ses ascendants n'avaient jamais été ses agnats ; on n'est donc pas dans la sphère de la Novelle.

Si malgré cela on étend jusque-là l'influence de la Novelle, ce sera seulement pour déterminer l'ordre respectif des ascendants et des frères et sœurs : mais quant aux autres collatéraux, on sera obligé de les exclure au profit du patron, dont les droits n'ont jamais été supprimés par Justinien.

CHAPITRE II.

DROITS DE LA MÈRE, DES ASCENDANTS MATERNELS ET DES ASCENDANTES PATERNELLES DANS LA SUCCESSION *AB INTESTAT* DE LEURS ENFANTS.

65. — Dans le cours de cette étude, nous avons déjà parlé souvent des droits de la mère et des ascendants maternels qui se trouvaient liés à ceux

4

des pères et ascendants paternels. D'un autre côté, le principal sujet que nous aurons à développer dans ce chapitre, c'est le sénatus-consulte Tertullien. Nous nous décidons donc à adopter une division nouvelle qui, nous l'espérons, rendra plus claire l'intelligence de ce que nous avons à dire. Dans une première section, nous ferons un exposé général des droits des mères et aïeules à *toutes* les époques et sur *tous* leurs enfants, en renvoyant aux points déjà traités, à l'exception des droits résultant du sénatus-consulte Tertullien[1]. L'explication exclusive de ce dernier et des réformes de Justinien auxquelles il sert de base formera la seconde section.

SECTION I. — EXPOSÉ GÉNÉRAL.

66. — *Loi des XII Tables.* — Les ascendants et ascendantes en ligne maternelle ne peuvent rien prétendre sur l'hérédité de leur descendant parce qu'ils sont étrangers à sa famille; la mère elle-même subit la même exclusion. — Quant aux ascendantes de la ligne paternelle, leur titre naturel étant généralement insuffisant pour les faire

1. Droits de la mère dans la succession de ses enfants *sui juris*.

participer aux *sacra privata* de leur mari et par suite de leur descendant, ne peut devenir la base d'une vocation héréditaire.

Mais nous savons que par l'effet de la *manus*, la femme tombe sous la puissance de son mari et entre dans sa famille (n° 12); elle devient fille de son mari, sœur de ses propres enfants. Ce titre lui donnera accès à l'hérédité de ses enfants, elle viendra *loco sororis* à la succession, même des enfants que son mari a d'un précédent mariage et dont elle n'est que la *noverca* (G. III, 14 *in f.*).

L'aïeule paternelle *in manu* eut aussi un titre héréditaire, *loco amitæ*, à titre de tante, jusqu'à la jurisprudence voconienne, qui ne laissa plus dans l'ordre des agnats que les femmes ayant le titre de sœurs (*agnatæ consanguinæ*)[1].

Remarquons que la *manus* ne fait succéder une femme à ses enfants que quand cette *manus* a cessé par la mort du mari et des ascendants ayant la puissance paternelle; sans cela, en effet, l'enfant n'a pas d'hérédité, à moins qu'il ne soit sorti de la famille, et si la *manus* a cessé du vivant du mari par la *diffareatio* ou l'émancipation, la femme n'est plus l'agnate des agnats de son mari.

Nous avons déjà vu, sous le numéro 40 et suivants, un cas de succession analogue, celui de l'ascendant qui vient à la succession de son fils éman-

---

1. La loi Voconia était relative aux institutions d'héritiers.

cipé *loco patroni* ; et non pas à titre simplement d'ascendant.

67. *Période de transition.* — I. *Enfants sui juris.* — Le droit de la mère par suite de sa situation *in manu* ne tarda pas à disparaître avec la *manus* elle-même, qui tomba en désuétude; mais le préteur lui créa un nouveau droit en l'admettant à la *bonorum possessio unde cognati* que nous connaissons (n° 47). Nous renvoyons aux développements donnés plus haut; observons seulement que la mère et les ascendants maternels peuvent réclamer cette *bonorum possessio* dans la succession des *liberi naturales* et même des *vulgo quæsiti,* puisqu'elle s'appuie sur la simple cognation (L. 2 et 4, *D. unde cognat.*). — Nous savons enfin que la mère faisait partie des dix cognats privilégiés de la *bonorum possessio unde decem* (n° 52).

Les droits de la mère sur la succession de ses enfants *sui juris,* eurent longtemps pour base la *manus* et les *bonorum possessiones* ; mais peu à peu les vices du système frappèrent tous les yeux et la puissance législative s'occupa d'y remédier. Le sénatus-consulte Tertullien, et plus tard les réformes de Justinien, que nous étudierons dans le chapitre II, furent le remède.

68. — II. *Enfants alieni juris.* — Le sénatus-consulte Tertullien est sans effet à l'égard des droits de la mère dans la succession de ses enfants *en puissance,* puisqu'il date d'une époque où ces

derniers n'avaient pas de succession *ab intestat.*
Nous savons en effet (n° 29) que la première idée
de succession *ab intestat* du père sur les biens de
son fils en puissance, ne date que des empereurs
Léon et Anthémius. Cette première succession ne
s'étendait pas à la mère, ce fut Justinien seulement
qui, en réglant à nouveau les droits de la mère
dans la succession d'un *sui juris* (révision du Tertullien), fut amené à lui faire sa part dans la succession du fils de famille (L. 7, § 1, C. *ad Tertull.*, 6-56).

Si le défunt meurt sans enfants, laissant son
père, sa mère et des frères et sœurs, le père (*pater*)
a tout l'usufruit, comme s'il ne rencontrait que
des frères et sœurs, mais la mère prend en nue
propriété une quote-part égale à celle qu'elle prendrait en pleine propriété si son fils était décédé
sui juris; à savoir : une part virile s'il y a des frères
et sœurs ou seulement des frères; une moitié s'il
n'y a que des sœurs (voy. n° 85, 1°). — Si la mère
se trouve seule en présence du père, sans frères
ni sœurs, il faut conclure du silence de Justinien
qu'elle n'aura rien à prétendre. Il est évidemment impossible de supposer la mère seule en présence des frères et sœurs, puisque du moment
qu'il s'agit du fils de famille, le *pater* existe nécessairement.

69. — Remarquons que même sous Justinien,
les ascendants maternels autres que la mère, et
les ascendantes paternelles, sont privés de tout

droit à la succession des fils de famille. La *bono-rum possessio unde cognati*, introduite à une époque où les fils de famille n'avaient pas de succession, trouverait d'ailleurs difficilement application, car il y a toujours au moins un héritier qui est le père de famille. Si pourtant il avait répudié l'hérédité, il est probable qu'on aurait admis le plus proche cognat à réclamer la succession.

70. — III. *Enfants affranchis.* — Quant aux droits de la mère dans la succession de ses enfants affranchis nous renvoyons aux numéros 60, 61. Remarquons toutefois ici que le sénatus-consulte Tertullien contient ce qui suit : « *Si filius vel filia libertini sint effecti, mater legitimam hereditatem vindicare non poterit, quoniam mater esse hujusmodi filiorum desiit.* » L'esclavage postérieur de l'enfant a rompu le lien qui l'unissait originairement à sa mère restée libre l en vain l'enfant a-t-il recouvré la liberté, il a acquis une personnalité nouvelle, il n'a pas repris l'ancienne! C'est une éclatante confirmation de la non-existence de la cognation servile.

71. — *Novelles.* — Renvoi aux n°⁵ 32 et suiv. — Deux remarques seulement. — L'existence de Collatéraux autres que les frères et sœurs germains et leurs enfants ne nuit pas à la vocation des ascendants; cependant, si la mère étant devenue veuve du père du *de cujus* était remariée, et, si le *de cujus* laisse avec elle des frères et sœurs, même *non* germains, la mère n'a qu'en usufruit ce

que le défunt tenait de son père (*Nov.* 22, chap.
XLVI, § 2). — La mère succède à ses *liberi naturales*, et même aux *spurii*, de la même manière
que s'il s'agissait d'enfants légitimes. Les ascendants de la mère ont les mêmes droits.

SECTION II — SÉNATUS-CONSULTE TERTULLIEN.

72.— Les Instilutes, l. III, tit. III, § 2, portent :
Postea autem senatus-consulto Tertulliano, quod
DIVI HADRIANI TEMPORIBUS *factum est;* il s'est élevé
à l'égard de cet Adrien une discussion sans grand
intérêt.

Heineccius, M. Ducaurroy et un certain nombre d'auteurs, s'en tenant à la lettre du texte, enseignent que c'est bien d'Adrien lui-même qu'il
s'agit. D'autres croient, avec M. Ortolan, qu'il
faut entendre par cet Adrien, non pas l'empereur
lui-même, mais son fils adoptif Antonin le Pieux,
qu'il n'est pas rare de voir désigné sous le nom de
son père adoptif. (Comp. Inst. III, tit. XX, § 4, et
L. 49, § 1er, *in f.* D. *de fidej.*) Ces derniers auteurs
s'appuient sur un texte qui forme la L. 8 au D.
ad Tertul., et duquel il appert que Gaïus aurait
écrit sur le sénatus-consulte Tertullien un traité
spécial; il serait donc vraisemblable de dire que

ce sénatus-consulte est contemporain de Gaïus qu'ils font vivre sous Antonin et Marc-Aurèle. (V. Ortolan, t. I, n° 371.) — D'un autre côté, il faut dire que Gaïus semble bien ne pas avoir eu connaissance de ce sénatus-consulte au moment où il écrivait la partie de ses Institutes où il est question de l'hérédité *ab intestat*.

73. — Le sénatus-consulte Tertullien ne favorisait que les mères qui avaient le *jus liberorum*. Qu'entendait-on par le *jus liberorum* ? c'était un droit de privilége que la femme acquérait par trois ou quatre accouchements, selon qu'elle était ingénue ou affranchie, pourvu que ces accouchements eussent eu lieu au plus tôt après six mois de grossesse, et que de chacun fût né un enfant vivant et viable. Les accouchements doubles ne comptaient que pour un, du reste « les jurisconsultes discutaient avec le plus grand soin la condition du *jus liberorum* », dit M. Ortolan. Il n'était pas nécessaire que la mère eût encore le nombre exigé d'enfants au moment où elle avait à se prévaloir du sénatus-consulte. L'arbitraire impérial pouvait d'ailleurs accorder le *jus liberorum* à une femme qui n'avait jamais eu d'autre enfant que le *de cujus* (Paul, sent. IV, 9).

L'idée fondamentale du *jus liberorum* n'était pas nouvelle, elle se trouvait déjà dans les règles établies par la législation caducaire au sujet des libéralités testamentaires, soit en faveur des *patres*, soit en faveur des femmes *ter quaterve enixæ*. Son

but était d'encourager à la procréation des enfants.

74.— Le sénatus-consulte Tertullien étant fondé
sur le lien naturel, le droit de la mère s'ouvre
même quand le *de cujus* est illégitime ou
émancipé ; il s'ouvre encore quand c'est le mari
qui a subi la petite *capitis deminutio*. S'il y a, pour
l'un ou l'autre, perte de la liberté ou de la cité au
contraire, le droit de la mère ne peut s'ouvrir ou
s'éteint, sans pouvoir revivre, même quand la
liberté et la cité sont plus tard recouvrées (L. 1
D. *ad Tertull.*, §§ 8 et 4).

Il semblerait toutefois, d'après le § 6[1] de la
même loi, que la mère *rei capitalis damnata*
pouvait succéder en vertu du sénatus-consulte
quoiqu'elle fût *non restituta*. Nous croyons, avec
M. Demangeat (t. II, p. 44), qu'il y a là une interpolation des commissaires de Justinien.

75. — Le sénatus-consulte Tertullien spécialement édicté pour corriger la rigueur du droit antérieur à l'égard de la mère, laisse subsister tous
les avantages que le préteur lui avait offerts déjà
par les *bonorum possessiones unde cognati* et *unde
decem*.

Le droit honoraire n'avait pu faire de la mère
qu'un *bonorum possessor*, le Tertullien fait d'elle
une *heres legitima*. Le premier règle la *succession,*

1. Les décisions de ces paragraphes s'étendent au sénatus-
consulte Tertullien, quoiqu'il s'agisse spécialement de l'Orphi-
tien.

le second l'*hereditas*, toute la théorie du Tertullien est là. La mère pourra d'ailleurs venant comme *heres ex senatus-consulto*, obtenir du préteur la *bonorum possessio*, mais ce sera comme tout héritier légitime en vertu de l'édit *unde legitimi*. Que si elle ne peut venir comme *heres ex senatus-consulto*; elle pourra encore demander une *bonorum possessio*, mais alors en vertu des édits *unde cognati* ou *unde decem*. Quand les textes, en effet, portent *cessat senatus-consultum*, ou *mater ex senatus-consulto non admittitur*, ou *senatus-consultum locum non habet*, cela ne veut pas dire que la mère est *absolument* exclue, mais simplement qu'elle ne pourra venir comme *heres ex senatus-consulto* et qu'elle devra avoir recours aux anciennes *bonorum possessiones* du préteur. Ces vocations prétoriennes de la mère sont reconnues par ces mêmes textes (V. L. 2, *D. ad. Tert.*, §§ 9 et 18). La mère, au contraire, est exclue totalement quand on trouve dans les textes les expressions *matri obstare*, *nocere*, *matrem excludere*. Quelquefois il est vrai, même dans ces derniers cas, on se borne à dire que le sénatus-consulte ne s'applique pas (§ 14), mais c'est l'exception; on peut dire davantage et ordinairement on le dit.

76. — Appliquons cette théorie :

La mère est absolument exclue lorsque l'ordre des *legitimi* et à plus forte raison celui des cognats ne vient pas en ordre utile par suite de la présence d'héritiers siens ou d'enfants assimilés aux héritiers

siens par la *bonorum possessio unde liberi*. Aussi
le § 6 de la L. 2, dit-il : « *Liberi defuncti sui,*
OBSTABUNT MATRI EJUS, MATREMQUE EXCLUDUNT :
bonorum possessores etiam non sui (les assimilés). »
Des expressions analogues se trouvent aux §§ 8,
11, 12 et 13.

Si l'ordre des *legitimi* vient en ordre utile par
suite de l'absence d'héritiers pouvant invoquer la
possession *unde liberi;* mais que la mère soit exclue par un *legitimus* préférable à elle, v. g. le
frère consanguin; il n'est plus vrai de dire « *senatus-consultum cessat.* » Le sénatus-consulte s'applique, au contraire, dans ce cas et a pour effet
de rendre la mère *heres legitima* quoique ce titre
soit inefficace. Supposons au lieu d'un frère consanguin une sœur agnate, l'effet du sénatus-consulte
sera le même, mais l'efficacité du titre de la mère
sera pleine et entière.

77. L'expression *senatus-consultum cessat* n'est
exacte que quand, quoiqu'il y ait place pour l'*or-
do legitimus*, la mère en est réduite aux *bonorum
possessiones unde cognati* et *unde decem*. C'est-à-
dire, toutes les fois que l'application du sénatus-
consulte nuirait DIRECTEMENT à un enfant ou au
père du *de cujus*. Prenons des hypothèses :

1° Le défunt laisse un enfant qu'il avait donné
en adoption et qui est encore dans sa famille adoptive. L'édit n'admet cet enfant que dans l'ordre
des *cognats :* si la mère vient dans l'ordre des *legi-*

timi elle passera avant lui. Mais Antonin, juge d'une espèce de ce genre, décide que le sénatus-consulte cesse. Qu'arrive-t-il? l'ouverture de la *bonorum possessio unde cognati;* l'enfant peut l'invoquer, la mère aussi, il y a concours : « *Divus pius decrevit cessare senatus-consultum et simul esse admittendas ad bonorum possessionem unde proximi cognati matrem et filiam.* » (L. 2, § 9, 38-17. V. *inf.*, n° 84.)

2° Dans la succession d'un non émancipé ou d'un émancipé dont l'aïeul émancipateur est mort (v. n° 16), le père, nécessairement simple cognat serait exclu si la mère venait comme *heres legitima.* Mais *placet matrem ex senatus-consulto propter patrem non venire,... bonorum possessionem habebit mater cum patre quasi cognata.* (L. 2, § 18, eod., tit.) Ce texte contredit, ce nous semble, MM. Demangeat (t. II, p. 37) et Ortolan (t. III, n° 1058) qui enseignent que lorsque le père vient comme cognat, le concours s'établit entre lui et la mère et que celle-ci est *exclue.*

Si le *de cujus* laisse à la fois un enfant *in adoptiva familia,* un père émancipé ou donné en adoption et sa mère, la combinaison des deux premières hypothèses amènera le concours de ces trois personnes. Si au lieu d'un enfant c'est un petit-enfant *in adoptiva familia* que le *de cujus* laisse dans les mêmes conditions, le petit-enfant sera exclu par sa bisaïeule ou par son bisaïeul et sa bisaïeule, car il est moins proche d'un degré et la représentation n'est pas admise dans le *bono-rum possessio unde cognati.*

3° S'il s'agit de la succession d'un émancipé dont le *manumissor* est *extraneus*, le père grâce à la *bonorum possessio unde decem* prime le *manumissor extraneus*, la mère lui nuirait donc directement si elle le primait à son tour comme *heres legitima*, mais on s'en tient à la *bonorum possessio unde decem* dont la règle générale est qu'il y a concours entre le père et la mère.

Nous avons déjà dit que M. Demangeat (n° 55) attribue dans ce cas toute la succession au père, et nous avons cité le texte sur lequel il s'appuie en faisant remarquer qu'il pouvait tout aussi bien s'appliquer à la possession *unde cognati* qu'à la possession *unde decem.* Nous pouvons ajouter ici maintenant que nous avons expliqué comment à notre sens on doit entendre les expressions *senatus-consultum cessat*, etc., que pour nous l'expression *mater summovetur* sur laquelle il s'appuie équivaut à celles-ci. La mère est exclue! Mais de quoi? *de l'ordre des legitimi, de la bonorum possessio unde legitimi;* on revient dès lors à la *bonorum possessio unde decem* et au concours qui en est la règle.

Toutes les fois que nous avons parlé du père, nous avons entendu le père naturel; le père adoptif, dès qu'il cesse d'être agnat, n'est plus même cognat *pater esse desiit*(L. 2, § 15, et L. 3, *D. ad Tertull*).

78. — Quand la mère ne nuit pas DIRECTEMENT à l'enfant ou au père, le sénatus-consulte s'applique; elle vient comme *heres legitima*. Ainsi :

1° S'il s'agit de la succession d'un non-émancipé et qu'il existe un agnat quelconque, le sénatus-consulte s'applique. Bien entendu, le droit de la mère sera inefficace si cet agnat se trouve être un frère consanguin; nous l'avons déjà dit : *Si sit adgnatus defuncti et naturalis pater sit in adoptiva familia* (ou s'il est émancipé), *sit et mater : admittimus matrem, quoniam patrem adgnatus exclusit* (§ 17).

Il y a cependant un cas où le père et la mère se trouvant seuls en présence, la mère exclut le père, et par conséquent lui nuit directement. Supposons en effet (§ 19, loi 2), que le *de cujus* avait été donné en adoption à son aïeul maternel, à titre de fils; il meurt *sui juris* laissant son père et sa mère. Sa mère est son agnat à titre de sœur *consanguinea*, son père est simple agnat, donc la mère trouve ici en elle-même la puissance légale d'exclure le père. Si le *de cujus* n'avait été adopté qu'à titre de petit-fils, sa mère ne pourrait plus venir qu'à titre de tante, ce qui ne lui donnerait pas droit à l'hérédité d'après la jurisprudence voconienne. D'un autre côté, si la mère, sœur agnate, avait subi un *capitis deminutio*, ses droits de *consanguinea* n'existant plus, le sénatus-consulte cesserait et la *bonorum possessio unde cognati* amènerait le concours.

2° S'il s'agit de la succession d'un émancipé, et que l'émancipateur soit un aïeul ; la *bonorum possessio unde decem* ne protége plus le père qui est exclu par l'aïeul ; donc le père n'empêche plus directement l'application de Tertullien.

Cependant il y eut sur ce point difficulté parmi les jurisconsultes romains ; difficulté un peu imaginaire, à notre avis.

« Si on dit, écrit Paul (L. 5, § 2, *ad Tert.*), que la mère passe avant l'aïeul, elle se retrouve en présence du père, et alors la *bonorum possessio unde cognati* va amener là concours entre le père et la mère (*edicto prætoris inducetur pater*) ; mais dès que la mère vient par la *bonorum possessio unde cognati* l'aïeul, qui *loco patroni* a droit à l'hérédité légitime, *rursus vocabitur* ». Et il conclut : « *itaque rectius est avo jus suum conservare.* » Ulpien, dit au contraire : « *neque avus, neque proavus in Tertulliano matri nocent, quamvis fiduciam contraxerint.* » (L. 2, § 15.)

70. — Nous sommes là en face de deux textes contradictoires ; nous serions pour notre part de l'avis d'Ulpien et donnerions vocation héréditaire efficace à la mère. En effet, Paul ne s'aperçoit pas que du moment que le père est exclu par l'aïeul émancipateur, la mère qui reçoit ainsi vocation héréditaire ne nuit plus *directement* au père. Le père est exclu, mis définitivement de côté, non pas par la mère, mais par l'aïeul. Il en est sûrement ainsi quand le père a été exclu par

un agnat : « *si sit adgnatus defuncti, et naturalis pater sit in adoptiva familia sit et mater; admittimus matrem quoniam patrem adgnatus exclusit* (Ulpien, L. 2, § 17). Le Tertullien, il est vrai, paraît n'avoir réglé le rang de la mère dans l'ordre des *legitimi* que par rapport aux agnats proprement dits, et non par rapport à l'aïeul émancipateur. Il est certain, en outre, que le droit prétorien antérieur préférait l'aïeul émancipateur à la mère qui ne jouissait pas dans ce cas de la *bonorum possessio unde decem*. Quoi qu'il en soit, l'opinion d'Ulpien nous paraît mieux cadrer avec l'idée nouvelle et fondamentale du sénatus-consulte.

80. — La règle, qu'il n'y a pas de dévolution dans les successions légitimes d'un degré à l'autre dans le même ordre : *in legitimis heredibus successio non est*, ne s'applique pas au Tertullien. La mère ne fait obstacle aux autres héritiers légitimes qu'autant qu'elle fait adition ou se fait donner la *bonorum possessio unde legitimi* (L. 2, §§ 20 et 21) et réciproquement. Mais par application du principe général sur l'ouverture des successions *ab intestat*, c'est au moment de la répudiation de la mère qu'il faut se placer pour savoir qui vient à son défaut, et non pas au moment de l'ouverture de la succession. Si la mère est fille de famille, elle ne peut faire adition qu'en vertu du *jussus* de son *pater* (*Inst.* § 2, III III); mais elle peut obtenir la *bonorum possessio unde*

legitimi, sauf ratification ultérieure du *pater*
(L. 3, § 7, D. de *bon. poss.,* 37-1; et L. 6,
§ 1, D. de *acq. vel om. her.,* 29-2).

81.—Le Tertullien n'exigeait de la mère que le
jus liberorum, on la force bientôt en outre à demander pour ses enfants impubères la nomination de tuteurs, *sous peine de déchéance* si elle
est majeure de vingt-cinq ans (L. C., *si adv.
delict.,* 2-35). — Les tuteurs qu'elle présente doivent être aptes à la tutelle par leurs mœurs et par
leur fortune (l. 2, D. § 37). — La nomination
faite par le magistrat ne couvre pas sa responsa-
bilité (§§ 34-36). — Dans le cas où les personnes présentées par elle sont excusées, reje-
tées ou mortes, elle doit en présenter d'autres
(§§ 35-40). — Ulpien veut en outre qu'elle veille
à la gérance effective des tuteurs (§ 42). — Si
l'enfant est insolvable, Ulpien croit que la mère
est excusable de ne pas avoir fait nommer de
tuteur, car en le laissant *indefensus* elle l'a soustrait
aux poursuites des créanciers (§§ 26-45). — La
mère doit remplir ses obligations au plus tard
dans le délai d'un an.

La déchéance de la mère qui *tutores idoneos non
petiit* s'étend même aux droits à la succession
résultant de l'Édit : « *videndum est an, matre
prohibita jus suum vindicare, ipsam heredem di-
cimus fieri vel aliud nomen successionis inducere.
Sed denegamus ei actiones.... ergo et adgnati ce-
terique succedent, aut, si nemo sit, bona vacabunt*

(§ 47. — Voir aussi Inst. § 6). — Si l'enfant qui n'a pas eu de tuteur meurt pubère et intestat, la mère est relevée de sa déchéance ; on présume qu'il a pardonné puisqu'il n'a pas fait de testament (L. 3 C.·6·56).

82. — Le privilége du *jus liberorum* fut bientôt étendu à toutes les mères, mais après avoir subi quelques modifications. Constantin (L. 1, cod. théod. de leg. her. 5·1), établit que la mère n'exclurait plus désormais le *patruus* (oncle paternel), son fils ou petit-fils, mais, leur abandonnerait un tiers ; et cela même quand ceux-ci auraient perdu l'agnation avec le défunt. En revanche, il accordait à la mère même *non liberis honorata* un tiers quand l'agnat qui l'aurait exclue était au delà du deuxième degré. — Valentinien et Valens accordent aussi un tiers comme au *patruus*, aux frères et sœurs même après émancipation (L. 2, C. théod. de leg. h.) — C'est dans ces limites qu'il faut entendre le *jus liberorum* dont parle une constitution d'Honorius et Théodose (L. 1, C. de jur. lib.) *nemo posthac a nobis jus liberorum petat : quod simul hac lege omnibus concedimus.*

83. — C'est maintenant que nous pouvons examiner les réformes apportées par Justinien au S. C. Tertullien et qui forment le complément de la législation concernant la succession des *sui juris*, que nous avons commencé d'étudier sous le n° 56. *Immerito defraudabatur successione liberorum suorum*, nous dit tout d'abord Justinien

aux Institutes ; *quid enim peccavit si non plures sea paucos peperit?* Et il supprime le *jus liberorum ;* plus de privilége, mais le droit commun.

Puis il remanie plusieurs des institutions de famille. L'émancipation ne se faisant plus par des mancipations, mais par rescrit (forme introduite par Athanase, (L. 5 C. de em. 8-49), ou par déclaration devant le magistrat, il s'ensuit qu'il ne peut plus y avoir d'émancipateur *extraneus* et que la *bonorum possessio unde decem* n'a plus de raison d'être (*Inst. de bon. pos.* § 4 ; et L. 6 C. de em.)

La *capitis deminutio* qui accompagne toujours l'émancipation, n'ayant plus d'influence sur la succession des frères et sœurs, puisque la cognation leur suffit pour être héritiers légitimes, il en résulte que : 1° dans la succession d'un non-émancipé, les frères et sœurs *vel sola cognationis jura habentes* (L. 7. pr. C. 6-56) devront compter comme agnats pour l'application du Tertullien ; 2° dans la succession d'un émancipé, l'émancipateur n'est plus le seul héritier légitime possible.

84. — En ce qui touche les droits de la mère, notons d'abord une modification. Nous avons dit (n° 77 ; 1°) que l'enfant du *de cujus* n'était pas exclu, mais que le *sénatus-consulte cessait* et que par conséquent il concourait avec la mère quand il se trouvait *in adoptivâ familiâ,* et cela en vertu de la *bonorum possessio unde cognati.* Désormais l'enfant héritera seul, car bien qu'il soit *in adoptiva familia,*

Il a conservéà l'égard de son pèrenaturel les droits
d'un héritier sien (*Inst. de her. ab. int.* 1. § 14).

85. — Si nous supposons maintenant qu'il n'y
a pas d'enfants réclamant la *bonorum possessio
unde liberi*, parcourons les espèces qui sont pos-
sibles et voyons leur solution :

1° Des frères et la mère; pas de père. (L. 7 pr.
C. *ad Tert.*) Les frères qui d'après le Tertullien et
la constitution de Valentinien et Valens auraient
exclu la mère, s'ils sont agnats, ou pris le tiers,
s'ils ne le sont pas, concourent avec elle par tête.

2° Des frères et sœurs et la mère; pas de père.
Le concours a lieu par tête entre les frères, les
sœurs et la mère.

3° Des sœurs et la mère, pas de père ni de
frères. La mère prend *moitié*. Ce mode de partage
vient du sén. cons.; plus tard, dans ses Novelles,
Justinien lui a substitué le partage par tête (Nov.
22 ch. 47). Pothier (*pandectes appendice* au liv.
XXXVIII, tit. XVII ch. 1, art. 2 n° 5) croit que le partage par tête existait dans le sén. cons. et que Justinien l'avait seulement abandonné un moment; mais
les textes qui parlent de partage par têtes ne sont
pas probants, parce qu'ils supposent une sœur unique; un seul texte (*Paul. sent.* liv. IV, IX § 0) suppose plusieurs sœurs et justement il paraît contraire à l'idée du partage par tête. Justinien,
d'ailleurs, donne toujours moitié à la mère; il dit :
pro veterum legum tenore et la Nov. porte : *sen.
consultum mediam partem dabat matri, residu-*

am vero mediam sororibus, quantæcumque exsti-
tissent.

4° Des frères et sœurs et le père ; pas de mère.
(L. 13 C. de leg. her. 6-58). Le père qui, dans le
droit antérieur, était complétement exclu par les
frères et sœurs agnats, qui les excluait complète-
ment quand il était émancipateur, a dans tous les
cas droit à tout l'usufruit.

5° Des frères et sœurs, le père et la mère. —
Les frères et sœurs se partagent la nue propriété,
plus un tiers de l'usufruit. Le père et la mère ont
chacun un tiers de l'usufruit (L. 7, § 1er, C. ad.
Tert.)

Tout ce qui précède s'applique, sans distinguer
si le *de cujus* était devenu *sui juris*, avec ou sans
émancipation.

Dans d'autres hypothèses, il semble que le droit
antérieur soit resté en vigueur.

6° Le père et la mère, pas de frères ni sœurs.
— Si le père est émancipateur, il est préféré à la
mère, *quia et sit vetus jus servatum* (L. 2 C. ad.
Tert., 6-56). — S'il n'a pas cette qualité (soit que
l'enfant n'ait pas subi d'émancipation ou ait été
émancipé par un aïeul décédé depuis), le père et
la mère concourront selon la règle de la *bonorum
possessio unde cognati*; la loi 2 ne préférant le
père que quand il est *manumissor* autorise l'argument *à contrario*.

7° Le père et la mère, et en outre un aïeul
émancipateur. — Justinien n'innove pas ; on

reste donc en présence d'Ulpien et de Paul avec la difficulté de les concilier (v. sup. n° 78, 2° et 79). Toutefois, la loi 2 précitée ne préférant à la mère à titre d'émancipateur que le père, semble bien *à contrario* fournir une raison nouvelle d'écarter l'aïeul émancipateur.

8° Des frères et sœurs et l'aïeul émancipateur, pas de mère. — Les frères et sœurs sont préférés à l'aïeul, et l'aïeul n'aura pas l'usufruit de la succession comme le père l'aurait en pareil cas; la loi 13 de *Legit. her.* dit *pater* et non *parens.*

9° Le père et la mère et un agnat autre que frère ou sœur. — Justinien ne parle pas de ce cas; il dit bien en abrogeant la constitution de Constantin (n° 82), que ni le *patruus* ni son fils ou petit-fils ne peuvent diminuer la part de la mère (L. 7 C. ad. Tert. *pr. in fine*), mais un agnat autre que frère ou sœur servira-t-il à exclure le père au profit de la mère? C'était l'ancienne théorie, rien n'autorise à l'abandonner (v. n° 78, 1°).

10° Le père et un agnat autre que frère ou sœur. — Le père est exclu d'après l'ancien droit, mais aura-t-il l'usufruit? La loi 13 C. *de leg. hered.* ne donne l'usufruit que contre les frères et sœurs, et si l'on pense que cette faveur n'est admise qu'en compensation de ce qu'elle admet ceux-ci alors même qu'ils ne sont pas agnats, on sera porté vers la solution négative dans notre espèce.

Nous en avons fini avec l'explication du sénatus-consulte Tertullien et des modifications que

Justinien y apporta d'abord, avant de se lancer dans la refonte totale des droits de succession qu'il opéra dans ses Novelles. Qu'il nous soit permis de dire en terminant l'étude de cette première réglementation de Justinien, qu'il n'y a qu'un mot pour la caractériser : c'est un chaos.

CHAPITRE III.

DROITS DES ASCENDANTS EN GÉNÉRAL DANS LA SUCCESSION DE LEURS DESCENDANTS *A L'ENCONTRE D'UN TESTAMENT*.

86. — Nous venons d'étudier les droits des ascendants dans la succession de leurs descendants morts intestats ; il nous faut parcourir maintenant ceux qui leur étaient conférés même à l'encontre des volontés testamentaires du défunt. On comprend facilement que les ascendants aient pu invoquer la nullité d'un testament en s'appuyant sur ce que les formalités légales auraient été omises, ou bien encore sur l'incapacité du testateur, etc., etc.; mais qu'on leur ait accordé des droits à l'encontre d'un testament *jure factum*, *non ruptum*, *non irritum*, cela semble inconciliable avec les principes de la législation romaine, qui reconnaissent au propriétaire la libre disposition de son hérédité. Cet *écart de logique* fut amené d'abord

par l'obligation imposée au testateur d'exhéréder
formellement ses enfants avant d'instituer un héritier. Puis, par l'institution de la *querela inofficiosi testamenti*, par laquelle il suffisait à l'enfant
d'établir qu'il n'avait donné à son auteur aucun
sujet légitime de lui préférer quelque autre. La
bonorum possessio contra tabulas dimidiæ partis
vint ensuite favoriser les descendants, le patron et
l'émancipateur. La *querela* s'étendit enfin aux
ascendants probablement sous Antonin (elle existait pour les descendants dès le temps de Cicéron,
2ᵉ disc. contre Verrès).

Nous aurons donc à étudier dans cette dernière
section : 1° La *bonorum possessio contra tabulas*,
donnée à l'ascendant émancipateur; 2° la *querela inofficiosi testamenti* donnée aux ascendants;
3° les modifications apportées par Justinien aux
dispositions antérieures.

87. — 1. *Bonorum possessio contra tabulas dimidiæ partis.* — Lorsque l'affranchi avait institué
un héritier sans assurer à son patron par son testament la moitié au moins des biens que celui-ci
aurait eus *ab intestat;* le préteur accordait au patron la *bonorum possessio contra tabulas dimidiæ
partis;* c'est ce même bénéfice qui fut étendu à
l'émancipateur. Mais ce même bénéfice fut-il accordé seulement à l'ascendant ou *parens manumissor*, ou s'étendit-il encore à l'émancipateur
extraneus? Il semble bien résulter d'un texte
d'Ulpien que le *parens manumissor* pouvait

seul en profiter : « *Emancipatus a parente in ea causa est, ut in contra tabulas bonorum possessione liberti patiatur exitum, quod œquissimum prœtori visum est, quia a parente beneficium habuit bonorum quœrendorum ; quippe si filius familias esset, quodcumque sibi acquireret, ejus emolumentum patri quœreret : et ideo itum est in hoc, ut parens exemplo patroni ad contra tabulas bonorum possessionem admittatur* » (*L. 1 D. pr. si a par. quis manum*, 37-12).

88. Le préteur ne s'était pas occupé du patron de l'affranchie ; que penser de l'émancipateur d'une fille ? (*Ulp. reg.* XXIX, 2.)

La fille émancipée était sous la tutelle de l'émancipateur comme l'affranchie sous celle du patron ; comme elle, elle ne pouvait tester que *tutore auctore* ; pas plus que le patron, l'émancipateur n'avait donc besoin d'être protégé contre le testament (G. I, 166, et III, 43). Toutefois, quand la tutelle des femmes cessa d'être générale et sérieuse, il paraît qu'on appliqua à l'émancipateur d'une fille les mêmes règles qu'à celui d'un homme ; c'est ce qu'on peut induire de la loi 3, § 1 D. *si a par. quis manumis*.

89. — La *bonorum possessio*, dont nous nous occupons, ne saurait appartenir à un ascendant que s'il a eu la puissance, puisqu'elle dépend de la qualité de *manumissor : In eo qui a patre avove paterno proavove avi paterni patre.....* (Ulp., L. 1, D., § 1. *Si a par. quis man.*).

— Le droit de l'émancipateur contre le testament ne se transmettait pas à ses enfants ; le contraire avait lieu pour le patron (L. 1, § 5.)

90. — Pour qu'il y ait lieu à la *bonorum possessio contra tabulas* de l'émancipateur, *oportet hereditatem aditam esse, vel bonorum possessionem (secundum tabulas) petitam* (L. 3, § 5, D. *De bon. lib.*, 38-2. — Voy. aussi L. 4, D. *De bon. poss. cont. tab.*, 37-4). Il faut en outre qu'aucun descendant n'ait demandé la même *bonorum possessio contra tabulas* ou intenté la plainte d'inofficiosité. Pour que le *parens* ne puisse pas demander la *bonorum possessio contra tabulas*, il suffit que le testament lui donne la moitié des biens à quelque titre que ce soit (L. 3, §§ 15 et 16, D. *De bon. libert.*).

Pour que les enfants eussent cette *bonorum possessio*, il suffisait qu'il existât un testament susceptible de donner un héritier civil ou un successeur prétorien.

91. La *bonorum possessio contra tabulas* des descendants rescinde l'institution pour le tout, et ce n'est que par faveur que le préteur privilégie certaines dispositions; celle des ascendants ne fait tomber le testament que partiellement : toutes les dispositions du testament subsistent, seulement l'ascendant n'est obligé d'exécuter pour sa part que celles qui s'adressent aux personnes privilégiées : les descendants, les ascendants, la

femme ou la bru, *dotis nomine* (L. 1, pr. D. *De legat. præst.*, 37-5.)

L'ascendant n'obtient que la moitié ou le complément de la moitié. Il paraît cependant que quand l'héritier était une *turpis persona*, l'émancipateur obtenait la totalité (L. 3, pr. D. *Si a par. quis manum.*).

92. — La *bonorum possessio* ne porte pas sur les biens acquis *in castris* (qui formeraient le pécule *castrans*), ni même sur le pécule *quasi-castrans* d'un fils de famille, parce que, dit Ulpien, le droit de l'émancipateur fondé sur le service qu'il a rendu à l'émancipé en lui permettant d'avoir des biens personnels, ne peut frapper les biens que le fils de famille lui-même conserve propres (L. 1, § 4, D. *Si a par. quis man.*). Cette raison d'Ulpien peut être critiquée, car la *bonorum possessio* du patron ne porte pas plus que celle de l'émancipateur sur les biens acquis *in castris*, et cependant l'affranchi, à la différence de l'émancipé, doit à l'affranchissement d'avoir des biens en propre, qu'ils soient ou non acquis *in castris* (L. 3, § 6, D. *De bon. libert.*).

93. — Si l'émancipateur a reçu de l'argent pour émanciper, ou si, après l'émancipation, il en a reçu pour ne jamais se prévaloir de la *bonorum possessio contra tabulas* (*ne judicia filii inquietet*), il est repoussé par l'exception de dol (L. 1, § 3, D. *Si a par.*).

Il est non recevable s'il a approuvé le testament

expressément ou implicitement, par exemple en
recevant ce que le testament lui donnait. La loi 5
D. eod. rapporte qu'on considéra comme déchu
un père que Trajan avait forcé d'émanciper son
fils à raison des mauvais traitements qu'il lui in-
fligeait.

94. — II. — *Querela inofficiosi testamenti.*—
Le nom de cette action vient de ce que celui qui
l'intente se plaint, que le testateur a manqué à
l'*officium pietatis*, en lui préférant un autre héritier. Elle ressemble en cela à l'action d'injures
(M. de Savigny, trad. Guénoux, t. II, p. 129), et,
comme elle, se perd par l'expiration d'un bref
délai; comme elle encore, elle ne se transmet
aux héritiers de celui en la personne de qui elle
s'est ouverte qu'autant qu'il l'a intentée ou du
moins a manifesté l'intention de l'intenter. C'est
aussi une sorte de pétition d'hérédité qui par conséquent est portée devant les centumvirs et par
laquelle on demande la rescision du testament,
et on revendique l'hérédité comme si elle était déférée *ab intestat.* La *querela,* voie extraordinaire
d'attaque, suppose un testament parfaitement va-
lable et contre lequel il n'y a pas d'autre moyen
à faire valoir.

Le testament du fils de famille sur son pécule
castrans et *quasi-castrans,* et le testament du mi-
litaire fait *in expeditione,* ou du vétéran mort
dans l'année de son congé, sont à l'abri de la
querela (L. 24 et 37, § 1 C. *De inoff. test.,*

3-28. — Inst. pr. et § 3, *De militari test.*,
11-XI.)

95. — Tous les ascendants peuvent intenter la
querela, pourvu qu'ils soient appelés en ordre
utile à la succession par le droit civil ou prétorien. Dans ce dernier cas l'ascendant doit, *litis
ordinandi gratia*, avant d'intenter la *querela*, demander la *bonorum possessio* à laquelle il aurait
droit *ab intestat* ; c'est alors seulement qu'il a
le titre de successeur (L. 2, C. *De inoff. test.*, et
L. 8, pr. D. eod.).

Les ascendants d'un affranchi ne peuvent intenter la *querela* ; ils ont cependant un privilége que
nous noterons en passant : quand le testament
est rescindé par la *bonorum possessio contra tabulas* du patron, les dispositions que ce testament
pouvait contenir en leur faveur sont opposables
au patron.

96. — Nous venons de dire que l'ascendant,
pour pouvoir intenter la *querela*, doit être appelé
en ordre utile ; il pourra se faire cependant qu'un
ascendant qui dans l'ordre de la succession *ab
intestat* aurait été primé par d'autres intentera
valablement *la querela* : « *si is*, écrit Paul (L. 31
pr. D. de inoff. test.) *qui admittitur ad accusatio-
nem nolit aut non possit accusare an sequens admittitur videndum est ; et placuit posse* ». Et c'est
précisément à un ascendant que Papinien applique la règle « *Pater filium emancipavit, et nepo-
tem ex eo retinuit : emancipatus suscepto postea*

*filio, duobus exheredatis, patre præterito, vita de-
cessit: in questione de inofficiosi testamenti, præ-
cedenti causa filiorum, patris intentio adhuc pen-
det, quod si contra filios judicetur, pater ad que-
relam vocatur et suam intentionem implere potest »*,
(L. 14 D. eod.).

Justinien pourtant semble dire (L. 34 C. eod.)
que cette dévolution n'était pas admise avant lui,
mais ce n'est qu'une apparence. Ce qu'il permet
et ce qui était défendu avant lui, c'est que les appelés du degré subséquent puissent intenter *la
querela personnelle* à l'appelé qui les précédait;
mais il était fort bien permis avant Justinien à
l'appelé du degré subséquent de se plaindre *pour
son propre compte* quand l'appelé préférable n'a-
vait pas voulu ou pas pu faire rescinder le testament.

Le *querelans* pour réussir doit prouver qu'il n'a
donné au *de cujus* aucun sujet légitime de tester
à son détriment.

97. — L'ascendant ne peut intenter la plainte
d'inofficiosité, si le testament lui donne, à quelque
titre que ce soit, le quart de ce qu'il aurait eu *ab
intestat;* c'est ce qu'on appelle la *quarte légitime.*
Il ne le peut pas davantage s'il a renoncé à son
droit expressément ou implicitement, comme par
exemple lorsqu'il a laissé passer le délai de deux
ans depuis la mort du testateur.

98. — S'il succombe, le testament subsiste,
mais il perd les avantages qui s'y trouvaient con-

signés en sa faveur (L. 8 § 14 D. de inoff. test.).
S'il triomphe, le testament est rescindé *ipso jure*,
et l'ascendant se trouve successeur *ab intestat*; il
a la *condictio indebiti* contre les dispositions testamentaires déjà exécutées (L. 8 § 16 D. eod. - Demangeat. t. 1 p. 701 et s.). S'il y a deux ascendants
au même degré, la plainte d'un seul suivie de suc-
cès profite aux deux, à moins que le cohéritier du
querelans n'ait renoncé d'une façon quelconque
au bénéfice de la *querela*, ou ait déjà succombé
après l'avoir intentée lui-même; dans ce cas, la
part qu'il aurait dû prendre accroît à celui qui a
eu gain de cause. Dans le cas où le cohéritier du
querelans tenait du testament sa quarte légitime,
le *querelans* n'obtiendra que la moitié (puisqu'ils
sont deux), et le cohéritier recevra sa quarte
(puisqu'il est désintéressé). Mais à qui sera dévolu
le dernier quart? M. Demangeat le laisse à l'institué. M. Vernet admet le cohéritier du *querelans*
à le réclamer contre l'institué. Cette dernière opinion plus conforme au principal effet de la *querela*
qui est l'ouverture de la succession *ab intestat*, a
le grand inconvénient de réunir dans la même
personne la qualité d'héritier *ab intestat* et d'héritier testamentaire. (Demangeat. t. 1. p. 704; —
Vernet, quot. disp., p. 155; — l. 19 D. de inoff.
test.).

99. — La *bonorum possessio contra tabulas* et
la *querela* qui sont toutes les deux intentées contre l'héritier institué après adition de sa part ou

du moins demande de la *bonorum possessio*, différent sous plusieurs rapports :

La *bonorum possessio dimidiæ partis* n'ouvre
pas la succession *ab intestat*, elle aboutit à une
institution d'héritier (*jubetur ita testari*, dit
Gaïus); la *querela* « *intestatum patrem familias
facit* (G. III. 41. — Ulp. reg. XXVIII § 1. —
L. 6 § 1, D. d. inoff. test.).

La *bonorum possessio* n'a lieu qu'à l'égard d'un
défunt émancipé au profit d'un ascendant paternel
mâle; la *querela* a lieu à l'égard de tout ingénu *sui
juris* et est accessible à tous les ascendants.

La première est fondée sur le lien civil qu'établit
le fait de l'émancipation; la seconde sur le lien
naturel qui unit l'ascendant au descendant.

100. — Le *parens manumissor* peut-il cumuler
les deux bénéfices de la *bonorum possessio dimidiæ*
et de la *querela*?

La *querela* n'étant qu'une ressource suprême,
*qui ad hereditatem totam vel partem ejus alio jure
veniunt, de inofficioso agere non possunt* (Inst. de
inoff. test. II - XVIII § 2), il semble donc que l'ascendant qui a la *bonorum possessio* doive être exclu
de la *querela*. Cependant la décision favorable à
l'ascendant résulte d'un texte d'Ulpien: *Patrem,
accepta contra tabulas bonorum possessione, et jus
antiquum, quod et sine manumissione habebat,
posse sibi defendere Julianus scripsit.* (l. 1, § 6,
D. si a par. quis manum 37-12).

C'est que le *parens manumissor* agit, à un double titre, comme ascendant pour la *querela*, comme émancipateur pour la *bonorum possessio*. La suite du texte l'indique : *Nec enim ei nocere debet quod jura patronatus habet, cum sit et pater.*

101. — *Modifications de Justinien.* — Justinien n'accorde plus la *bonorum possessio contra tabulas* au patron qu'à l'égard d'un affranchi ayant une fortune supérieure à cent sous d'or, et seulement pour un tiers. Cette modification paraît s'être étendue à l'émancipateur. (Inst., § 3, *De succ.*, *libert.* III-VII.)

Quant à la *querela*, Constantin ne l'avait déjà plus accordée à ceux que le testament gratifie d'une somme inférieure à la légitime, avec ordre exprès de compléter au besoin cette somme (L. IV, C. Théod., *De inoff. test.* 2-19); Justinien sous-entend cet ordre (*Inst.*, *De inoff. test.*, § 3).

Cette action nouvelle en complément de légitime n'a rien de commun avec la *querela;* c'est une *condictio*, perpétuelle, transmissible, où le fait à prouver n'est qu'un chiffre et pour laquelle l'ascendant invoque la simple qualité de créancier. Cette action pouvait être intentée même à l'époque classique, au lieu de la *querela* (Paul, sent. IV-V, § 7).

Le délai pour intenter la *querela* est, sous Justinien, de cinq ans, qui ne courent plus du jour de la mort du testateur, mais du jour où l'institué a fait adition (L. 30, § 2 C., *De inoff. test.*)

102. — Enfin, dans la Novelle 118, base du

système nouveau, la *bonorum possessio contra tabulas* est supprimée, puisqu'il n'y a plus de différence entre un émancipé et un non-émancipé. La
querela subsiste. Les pécules castrans et quasi-
castrans en sont toujours dispensés, sauf le pécule quasi-castrans des prêtres, diacres, etc. (Nov.
123, cap. xix; Nov. 81, iii) La légitime est portée au *tiers* de la succession quand il n'y a pas
plus de quatre légitimaires, à la *moitié* quand il
y en a plus de quatre (Nov. 18, cap. i). Cette
augmentation n'est appliquée directement par la
Novelle qu'aux enfants, mais elle s'étend aux autres légitimaires : *hoc observando*, dit le texte, *in
omnibus personis in quibus ab initio antiquæ
quartæ ratio de in officioso lege decreta est.*

D'après la Nov. 115, la *querela* ne fait plus
tomber que l'institution, le reste du testament
subsiste, notamment les legs et fidéi-commis. Il
ne suffit plus que le testateur assure au légitimaire
le montant de sa légitime, il faut qu'il lui donne
le titre d'héritier. Justinien détermine les justes
causes d'exhérédation, qui étaient laissées à l'appréciation des juges; elles sont au nombre de huit
pour un ascendant, de quatorze pour un descendant. La cause sur laquelle se fonde l'exhérédation
doit être formellement énoncée.

La *querela* pourra donc être intentée si l'ascendant n'est dans aucun des cas prévus par la Novelle, ou si le testateur n'a pas donné une cause
formelle.

DROIT FRANÇAIS.

DES

SUCCESSIONS ANOMALES

INTRODUCTION.

1. — Nos anciennes coutumes voulaient que lorsque le défunt ne laissait pas d'*hoirs de son corps*
(Orléans, art. 313), c'est-à-dire de descendants,
on recherchât la nature et l'origine des biens,
avant d'en régler la succession. La nature : c'est-
à-dire leur qualité de meubles ou d'immeubles;
l'origine : c'est-à-dire la ligne à laquelle appartenait celui qui, le premier, les avait mis dans le patrimoine de la famille. De cette recherche de l'origine était née la fameuse règle *paterna paternis,
materna maternis* : à la ligne paternelle retourneront les biens provenant d'un auteur paternel ; à
la ligne maternelle ceux provenant d'un auteur
maternel. Cette règle, destinée à maintenir le
patrimoine dans la même famille, donnait lieu

dans l'application à des difficultés telles, devenait la source de procès si fréquents entre parents, que le législateur de notre Code n'hésita pas à proclamer dans l'article 732 le grand principe contraire : *La loi ne considère ni la nature ni l'origine des biens pour en régler la succession.*

2. — Trois cas exceptionnels furent seuls réglés dans le droit nouveau en considération de l'origine des biens; ces trois cas sont ceux qui vont être l'objet de notre étude ; ce sont les successions dites *anomales.* Elles ont leurs règles spéciales édictées dans les articles 351 et 352, 747, 766, du Code Napoléon.

Dans l'article 351, la loi suppose un enfant *adoptif* mourant sans postérité ; elle forme alors des biens que l'adopté reçut de l'adoptant ou recueillit de sa succession, une masse spéciale, à laquelle elle appelle l'adoptant ou ses descendants. Il y aura donc lieu, après la mort de cet enfant adoptif, à l'ouverture de deux successions; l'une ordinaire comprenant la masse générale des biens de l'enfant, qui sera dévolue à ses parents par le sang; l'autre extraordinaire, la succession anomale de l'adoptant et de sa descendance [1]. L'art. 352 appelle en outre l'adoptant à recueillir les biens par lui donnés, même dans la succession des enfants de l'adopté mort sans postérité; mais cette dernière

1. V. n° 36, le développement de cette idée.

faveur ne s'étend pas aux enfants de l'adoptant
(v. n° 115).

L'article 747 s'occupe de l'ascendant donateur;
il l'appelle à recueillir les biens par lui donnés à
son descendant mort sans postérité, de préférence à tous autres héritiers, mais sous certaines
conditions. Dans ce cas encore, le *de cujus* laissera deux successions : l'une ordinaire, dévolue à
ses héritiers selon le droit commun, l'autre
extraordinaire, la succession anomale de l'ascendant donateur.

L'article 766 enfin, prévoyant le cas où un enfant naturel vient à mourir sans postérité après le
décès de ses père et mère, appelle ses frères et
sœurs légitimes, c'est-à-dire les enfants légitimes
du père ou de la mère qui a reconnu cet enfant
naturel, à recueillir les biens que le *de cujus* avait
reçus de l'auteur commun et qui se retrouvent en
nature dans la succession. Ici encore l'enfant
naturel laissera deux successions : l'une ordinaire,
pour ses parents naturels ; l'autre extraordinaire,
la succession anomale des enfants légitimes d'un
ascendant naturel donateur.

3. — Il est facile de voir que ces trois articles
sont l'application de la même idée : le retour à
l'ascendant par le sang ou l'adoption, ou à ses
enfants, des biens sortis du patrimoine de cet
ascendant. Ce retour, plus directement sensible
dans les deux premiers cas de successions anomales, donne lieu à l'appellation particulière de

droit *de réversion*, droit *de retour légal* par opposition au droit *de retour conventionnel* qui, lui, n'est que l'effet de la volonté du donateur et non pas seulement de la loi (voir appendice).

La plus importante de ces successions exceptionnelles est celle établie par l'article 747 en faveur de l'ascendant donateur; aussi quoiqu'elle vienne au second rang selon l'ordre des articles du Code, nous l'étudierons la première. Nous pourrons ainsi développer complétement la théorie du retour légal, et l'examen des deux autres n'offrira plus aucune difficulté.

Dans un premier chapitre, nous étudierons seule la succesion anomale de l'ascendant donateur. Son origine historique, son caractère actuel, les personnes qui y ont vocation, ses conditions d'ouverture, d'exercice, ses effets, sa combinaison avec la réserve, seront étudiés dans autant de sections ou subdivisions distinetes. Dans un deuxième chapitre nous réunirons les deux autres successions anomales qui formeront chacune une section; et nous donnerons dans une troisième et dernière section sous forme d'appendice, les principales différences qui existent entre le retour légal et le retour conventionnel.

CHAPITRE I

DE LA SUCCESSION ANOMALE DE L'ASCENDANT DONATEUR.

(Art. 747, C. N.)

SECTION Ire. — APERÇU HISTORIQUE.

4. — I. *Droit romain.* — Dans notre thèse latine, (n° 27) nous avons cité pour mémoire le pécule profectice, en disant qu'il faut probablement y chercher l'origine de notre retour légal C'est ici le lieu d'entrer dans quelques développements sur ce sujet, que nous avons alors laissé de côté comme ne donnant pas lieu à l'ouverture d'une succession d'ascendant.

La dot profectice, en effet, comprenait les biens donnés par le père ou l'ascendant paternel à sa fille en puissance ou émancipée : « *quia non jus potestatis, sed parentis nomen dotem profectitiam facit.* » (L. 5. § 11 D. *De jure dotium.*) Ces biens étaient restitués par le mari au père ou à l'ascendant paternel qui les avaient constitués en dot si la fille venait à mourir pendant le mariage. Ils faisaient retour non pas *jure successionis*, mais par l'effet d'une sorte de condition résolutoire accomplie par la mort de la fille. Les droits et charges consentis sur le fonds dotal, se trouvaient anéantis; si celui-ci avait été aliéné au mépris de la loi Julia, l'ascendant pouvait le revendiquer entre les mains du tiers détenteur (L. 17 D. De fundo dot. 23-5, et L. 42 D. De usurp. et usucap. 41-3.) La dot *profectice* se distinguait encore par ce retour légal de la dot dite *adventice;* celle-ci constituée par tout autre personne que le père ou l'aïeul paternel (elle pouvait l'être par la femme elle-même — Ulp. frag. VI, § 3; — L. 5 D. de jure dot.), restait toujours au mari, à moins que le constituant n'en eût *formellement* stipulé le retour à son profit; dans ce dernier cas, elle prenait le nom de *receptitia, recouvrée.* « *Mortua in matrimonio muliere, dos a patre* PROFECTA *ad patrem revertitur.... ADVENTITIA autem dos semper penes maritum remanet, præterquam si is, qui dedit, ut sibi redderetur stipulatus fuit : quæ dos specialiter* RECEPTITIA *dicitur.* » (Ulp. fr. VI, § 4 et 5. — Voir aussi L. 1 § 13, C. De rei uxoriæ act. ; et 9, C. De pactis conv.)

5. — Deux motifs principaux avaient fait introduire ce droit de retour de la dot profectice dans la législation romaine. Pomponius, dans la loi *jure succursum,* nous fait connaître le premier, quand il nous apprend que le législateur romain voulut ainsi apporter une sorte d'adoucissement au chagrin qu'un père éprouve de la perte de sa

fille, en lui épargnant le regret de voir, au moment même où son cœur est frappé dans ses plus
chères affections, passer en des mains étrangères
des biens dont il ne s'était déterminé à faire le
sacrifice que par affection pour son enfant. « *Jure
succursum est patri, ut filia amissa solatii loco
cederet, si redderetur ei dos ab ipso profecta : ne
et filiæ amissæ et pecuniæ damnum sentiret* (L. 6,
De jur. dot.). Nous trouvons le second motif dans
la loi 2, C. *De bonis quæ lib.*, constitution des
empereurs Théodose et Valentinien; on espérait
ainsi encourager les libéralités des ascendants en
faveur de leurs enfants, et par suite aussi favoriser les justes noces. « *Prospiciendum est ne hac
injecta formidine, parentum circa liberos munifi-
centia retardetur.* »

6. — Ce second but poursuivi par l'institution
du retour légal se rattachait à l'ensemble des me-
sures qui furent prises sur la fin de la République
pour exciter les citoyens au mariage. Le célibat
était alors en effet chose à la mode ; le divorce
florissait et l'on pouvait dire des dames romaines :
« Elles comptent les années, non par le nombre
des consuls, mais par celui de leurs maris. »
(Sénèque, De benef., l. 3, cap. xvi.)

   « *Sic crescit numerus, sic fiunt octo mariti,
Quinque per autumnos; titulo res digna sepulcri !*

   *C'est ainsi qu'en moins de cinq automnes, on
compte huit maris. Beau sujet d'épitaphe !* s'écrie
Juvénal (Sat. VI, v. 229.)

Pour que les femmes trouvassent des maris, il fallait qu'elles eussent des dots; la loi Julia donnait une action aux enfants contre le père ayant sur eux la puissance, lorsqu'il les empêchait à tort de se marier; une constitution de Sévère et Antonin précisa qu'il y avait lieu à l'action de la loi Julia contre le père qui refuserait de fournir une dot, par ce motif que, ne pas donner les moyens de se marier, c'est empêcher de se marier : *prohibere videtur et qui conditionem non facit* (L. 19, D. De rit. nupt. 23-2). Tout cela ne suffisait pas, car l'offre d'une dot minime pouvait mettre le père à l'abri de l'action; c'est alors qu'on pensa à encourager les libéralités paternelles par l'institution du retour légal.

7. — Nous avons dit plus haut que la dot profectice pouvait être constituée alors même que la fille était émancipée et que le retour avait lieu dans les deux cas. Il en était évidemment de même quand la fille n'était émancipée qu'après la constitution de la dot.

Ce point cependant n'est pas admis par tous les auteurs. Plusieurs s'appuient sur la L. 4 C *soluto matrim.*, qui s'exprime ainsi : *dos a patre profecta si in matrimonio decesserit mulier* FILIA FAMILIAS *ad patrem redire debet*, et ils en tirent un argument *a contrario*. Puis aussi sur la loi unique, § 13, C. *De rei uxor. act.*, dans laquelle Justinien met sur le même rang que les étrangers, pour leur refuser le droit de retour à moins de stipula-

tion expresse, tous les parents autres que le père
ou les ascendants paternels qui ont en leur puissance la femme à laquelle la dot a été constituée;
et ils en concluent que le retour est attaché à la
puissance paternelle.

Pour nous, l'argument *a contrario* n'est rien
moins que concluant, et la seconde déduction
est une erreur. Dans le cas du § 13, il ne s'agit
pas en effet du retour de la dot par le décès de
la femme, mais bien de la répétition formée après
le divorce, ce qui n'empêche nullement que la
dot profectice ne revienne au père, après le
décès de sa fille quoiqu'elle fût émancipée. Cujas
ne s'y est point trompé, il distingue le cas où la
dot est répétée par le père conjointement avec sa
fille, et celui où la fille étant morte, le père pré-
tend exercer le droit de retour.

8. — De nombreux textes d'ailleurs ne laissent
aucun doute. La L. 5 *D. de divort.* dans laquelle
Ulpien décide que le préteur doit venir au secours
d'un père que sa fille émancipée a voulu priver
du retour de sa dot profectice par un divorce
intentionnel. Il est clair que si, dans ce cas, on
permet au père de réclamer la dot profectice
comme si sa fille émancipée était encore mariée,
c'est qu'il a le droit de le faire quand elle est
dans ce dernier cas. Même fiction quand la fille
est morte en captivité et par conséquent hors
puissance (L. 10, *D. sol. mat.*). Voyez encore la
loi 59 au même titre, et la loi 71 D. De evictio-

nibus, dont les espèces sont une affirmation pré-
cise que l'émancipation de la fille ne met aucun
obstacle à l'exercice du droit de retour en faveur
du père, dès lors que cette fille est morte *constante
matrimonio.*

8 *bis.* — Si le mariage était dissous autrement que
par la mort de la femme, soit par le prédécès du
mari, soit par le divorce, il n'y avait pas de retour.
Dans ces cas, en effet, si nous supposons la femme *in potestate,* le père n'a pas besoin de ce droit
puisqu'il a, du chef de sa fille, l'action *rei uxoriæ;* si la femme était *hors puissance,* elle recou-
vrait elle-même sa dot. Dans cette seconde hypothèse, il pourrait encore se faire que la femme
décédât avant le donateur, mais alors de deux
choses l'une : ou elle s'était remariée et les biens
qu'elle avait apportés en dot n'avaient plus le
caractère de dot profectice, puisqu'ils venaient
d'elle-même ; ou elle ne s'était pas remariée et
par conséquent n'était pas morte *in matrimonio.*
Il y avait donc impossibilité à l'application du
retour.

9. — L'existence d'enfants, même nés du mariage en vue duquel la dot avait été constituée,
ne faisait pas en principe obstacle au droit de
retour. Mais en fait, le mari ayant le droit de re-
tenir autant de cinquièmes de la dot qu'il avait
d'enfants, l'existence de cinq enfants le paralysait
totalement (Ulp. reg. tit. vi, § 4).

10. — La dot constituée par l'aïeul paternel à

sa petite-fille, retourne-t-elle au père dans le cas
où cette petite-fille ne décède qu'après l'aïeul?
Il y a sur ce point deux textes qui semblent contradictoires ; l'un de Labéon (L. 79, *D. De juré
dotium*), décide la négative en se fondant sur les
principes rigoureux du droit qui veulent que les
biens viennent directement de celui qui exerce le
retour; l'autre de Celsus (L. 6, *D. De collat. bon.*),
décide l'affirmative en se fondant sur l'équité.
Domat adopte la règle de Celsus. Pacius, dont Pothier rapporte l'opinion, croit que ces deux textes
statuent sur des hypothèses différentes.

11. — Le droit de retour ne fut admis pendant
longtemps que pour la dot, tandis que le retour
conventionnel avait toujours pu être stipulé dans
les donations simples (L. 2, C. *De donationibus
quæ sub modo*). Théodose et Valentinien (L. 2, C.
De bon. quæ, lib. 6-21) l'appliquèrent à la donation
propter nuptias faite à la fille ou au fils. L'empereur Léon, dans sa Nov. 25, alla plus loin encore ;
il l'étendit à toutes les donations que les pères
pouvaient faire à leurs enfants, pourvu que ceux-
ci fussent décédés sans postérité. Mais le père,
l'ascendant paternel, pouvaient toujours seuls en
bénéficier ; la mère, l'ascendant maternel, l'étranger, n'eurent jamais d'autre ressource que la stipulation expresse.

12. — Il y pourtant, mais dans un ordre d'idées
différent, un cas assez curieux de retour légal au
profit de la mère. La veuve qui se remarie avant

l'an de deuil encourt l'infamie ; pour s'en relever elle doit donner à ses enfants du premier lit la moitié de ce qu'elle avait au jour de son second mariage. Si l'un des enfants donataires meurt, sa part accroît aux autres, mais si tous meurent *intestats*, la mère reprend dans la succession du dernier mourant les biens par elle donnés : *Separatim ab ultimi filii hereditate præsumit*. (L. 4, C. *ad Tertull.*, 6-56).

13. — Les textes ne définissent pas nettement les effets du retour légal. Dans le § 13 *in fine* de la loi unique au code *de rei moriæ*, Justinien déclare que le droit de retour du père repose sur une stipulation tacite ; même idée dans la loi 12, C. *communia utriusque judicii*. Or, si cette stipulation tacite produisait les mêmes effets que la stipulation expresse, ce qui est probable, on doit en conclure que le retour légal comme le retour conventionnel devait faire tomber les aliénations et hypothèques consenties sur les biens donnés.

Dans le dernier état du droit, cette question n'a plus d'intérêt, puisque, d'après la loi Julia, les hypothèques consenties sur la dot étaient considérées comme nulles , et que Justinien prohiba les aliénations.

Ne perdons toujours pas de vue que ce droit de retour ne constituait pas un droit de succession, dans la législation romaine ; c'est pour cela que la Nov. 118 reste muette à ce sujet, elle qui ne s'occupe que des successions.

14. — II. *Pays de droit écrit.* — Le droit de
retour, ou préférablement le droit de *réversion*,
fut admis en France dans les pays de droit écrit à
l'égard des donations de toute nature. Il persiste
avec son caractère essentiel du droit romain :
« Le retour légal est fondé, dit Furgole (Quest. 42
« sur l'ordon. de 1731), sur une stipulation ta-
« cite inhérente à la donation, et les biens don-
« nés reviennent de plein droit, *veluti quodam*
« *jure postliminii.* » Faisons cependant une réserve à l'égard de la jurisprudence du parlement
de Paris, considéré comme parlement de droit
écrit (v. n° 16).

Quelques innovations importantes caractérisent
le droit de réversion dans les pays de droit écrit ;
il n'a plus lieu que quand le donataire meurt sans
enfants ; il est généralement accordé à plus de
personnes que dans le droit romain. Seul le parlement de Grenoble « se faisait gloire de s'attacher,
« en cette matière, aux dispositions du droit ro-
« main » (Bretonnier sur Henrys, liv. VIII, ch. v,
quest. 30) ; et il bornait le droit de retour au père
et aux ascendants paternels. Les autres y admet
tent indistinctement tous les ascendants : (Bordeaux, Aix, Dijon) ; mais il ne faut pas dire avec
la Rouvière (*Traité du droit de retour,* liv. I,
ch. iv), que c'est parce que ce droit leur était accordé par les lois 12, C. *comm. utriusq. jud. ;* et
2, § 3, C. *De bon. quæ lib. ;* nous savons, en effet,
que tous les textes, au contraire, étaient formels,

pour n'accorder ce droit qu'aux ascendants paternels, *per virilem sexum*. Le parlement de Toulouse allait encore plus loin en y admettant les frères et sœurs, oncles et tantes *de sang* et non *par alliance* (Furgole, q. 42). Relevons ici encore une erreur de Bretonnier qui fonde cette décision (*Recueil des principales questions de droit*, v° retour) sur l'expression *parentum* de la L. 2, C. *De bon. quæ lib.*; cette expression ne doit s'entendre que des ascendants, puisque au commencement de cette loi on trouve les expressions *filios, nepotes*, qui évidemment ne peuvent convenir qu'à la ligne directe. (V. aussi Merlin, rép., v° réversion, sect. 1re, §§ 1 et 2).

15. — Lorsqu'il s'agit de déterminer les effets de la résolution opérée par la réversion, on ne suit plus nulle part à la lettre le principe romain. A Grenoble, Toulouse et Bordeaux, où l'on s'en écartait le moins, le donateur était, en cas d'insuffisance des biens personnels du donataire, tenu de la dot, augment, bagues et joyaux de la femme du donataire (Ferrière, sur la q. 146 de Gui-Pape). Le statut de Provence (14 déc. 1456) oblige subsidiairement le donateur aux dettes contractées par le donataire depuis la donation.

Quant aux aliénations, on s'éloignait moins des principes. Les Parlements de Toulouse, Grenoble et Bordeaux les rescindaient toutes; toutefois, celui de Toulouse maintenait, à titre subsidiaire, l'hypothèque de la femme du donataire pour sa dot et ses conventions matrimoniales, pourvu que la donation objet du retour eût été faite dans le contrat de mariage. Le parlement de Provence maintenait toutes les hypothèques autres que les hypothèques judiciaires, et les aliénations à titre onéreux

16. — La jurisprudence du parlement de Paris à l'égard des pays de droit écrit compris dans son ressort, subissait visiblement l'influence des idées coutumières. Renversant toute la théorie romaine, elle accordait le retour légal à tous les ascendants et pour toutes les donations; en subordonnait l'exercice au décès du donataire sans postérité, obligeait celui qui l'exerçait à *contribuer à toutes les dettes* indistinctement, et *à respecter toutes les aliénations*, même à titre gratuit. De là à en faire un droit de succession il n'y avait qu'un pas, et il paraît que ce pas fut fait par le parlement de Paris.

Ce qui est étrange, c'est que Pothier considère cette jurisprudence comme plus conforme à la théorie romaine que celle des autres parlements. « Le droit de retour qui a lieu dans les pays de « droit écrit est, dit-il, une pure invention des interprètes, et serait fort inconnu aux jurisconsultes romains, s'ils revenaient au monde. » Et il ajoute : «Ce droit n'a pas été reçu par le parlement « de Paris.... Ce n'est qu'à *titre de succession* que « les ascendants succèdent aux choses qu'ils ont

7

« données à leurs enfants morts sans enfants »
(Des donat. entre-vifs, sect. III, art. 4).

16 *bis.* — III. *Pays de droit coutumier.* — On
admet généralement que le retour légal remonte,
dans les pays coutumiers, à une époque fort ancienne, au moins au treizième siècle ; qu'ensuite
il a subi une éclipse pendant un certain temps,
et qu'enfin il a été remis en vigueur au seizième
siècle. (Merlin, *Rép.* v° *réversion, sect.* II, *art.* 1ᵉʳ l.)

17. — Le plus ancien texte qui s'en occupe est
un arrêt rendu sous le règne de saint Louis en
1268 : « *Lorsque les enfants décèdent sans hoirs*
« *procréés de mariage, le don retourne aux don-*
« *neurs, et non aux prochains héritiers des dona-*
« *taires.* » (Merlin, *Loc. cit.* II.)

En 1283, Beaumanoir écrit ce qui suit dans ses
Coutumes de Beauvoisis, chap. XIV : « *Aucuns*
« *ont douté que puisque li héritages est partis du*
« *père ou de la mère et venus à lor enfans par*
« *don ou par lor octroi ou par aucune manière,*
« *qu'il ne puist puis revenir au père ne à la mère,*
« *mais si fet.* »

18. — On n'en trouve plus trace postérieure-
ment ni dans les *Coutumes notoires et jugées au*
Châtelet de Paris (quatorzième siècle), ni dans
la première rédaction de la coutume de Paris
(1510).

Dumoulin, par ses protestations énergiques
contre l'abandon d'une institution si juste et si
équitable, (note sur l'art. 9, tit. XII, Cout. de Mon-

targis); exerça une influence assez grande, pour
que la nouvelle rédaction de la coutume de Paris
(1580) en vînt à dire dans son article 313 : « *Tou-*
« *tefois les père et mère, aïeul et aïeule, succè-*
« *dent ès choses par eux données à leurs enfants*
« *décedant sans enfants et descendants d'eux.* »
La coutume de Paris qui d'ailleurs ne faisait, en
conservant le droit de retour, que suivre l'exemple de plusieurs autres coutumes, fut elle-même
imitée par presque toutes les autres, de telle sorte
qu'à la fin du seizième siècle le retour légal était
généralement admis. Voici par ordre chronologi-
que quelques dates de la reconnaissance du retour
légal : 1531, coutume de Montargis; — 1534,
de Nivernais; — 1539, de Berry; — 1556, de
Laon; — 1558, du Grand-Perche; — 1559, de
Touraine et de Poitou, etc., etc.; — 1580 *coutu-*
me de Paris: — 1583 coutume d'Orléans et de
Calais; — 1619, de Valenciennes.

19. — La coutume de Normandie reste toutefois réfractaire à cette admission ; son article 241
était ainsi conçu : « *Père et mère, aïeul et aïeule,*
« *ou autre ascendant, tant qu'il n'y a aucun des-*
« *cendant de lui vivant, ne peut succéder à l'un*
« *de ses enfants.* » Voyez aussi un arrêt du Parlement de Rouen du 14 août 1657, qui exige une
stipulation expresse de retour.

Les coutumes du Maine et d'Anjou n'admet-
taient le retour qu'en usufruit.

D'autres coutumes, enfin, telles que celles de

Chauny, d'Angoumois, etc., n'en parlaient pas, mais on avait fini par admettre que la révision devait leur être étendue.

20. — Les expressions de l'article 313 de la coutume de Paris : « *Succèdent ès choses...* » et d'ailleurs celles de presque toutes les autres coutumes, nous montrent que le retour dans les pays de coutumes prit un tout autre caractère que dans les pays de droit écrit ; c'était un *droit de succession*. (Voyez aussi Ricard, *Tr. des dons entre vifs et testam.*, 3 *part.*, ch. VII, s. IV ; et Ferrière sur l'article 313 de la coutume de Paris. Il s'ensuivait :

1° Que l'ascendant devait être *capable* de succéder, et l'enfant donataire *capable* de transmettre sa succession, selon la coutume ;

2° Que l'ascendant devait respecter les aliénations et dispositions entre vifs ou testamentaires faites par le donataire. (Ricard, *Loc. cit.*, n° 768. — Lebrun, L. 1er, ch. v, s. II, n° 67.) Toutefois la coutume de Bayonne (tit. IX, art. 3 et 4) fait une distinction : « le donataire ne peut disposer des « *biens avitins* donnés soit par testament ou autre- « ment entre vifs, *si ce n'est en cas de nécessité ;* « mais si c'étaient des biens meubles ou acquêts « du donnant, le conjoint survivant au nom du- « quel ils ont été donnés en peut disposer à sa « volonté. »

3° Que l'ascendant devait payer les dettes *ultrà vires*, sauf les cas où il aurait obtenu des lettres

de révision pour erreur invincible (Lebrun, n°67).
Ferrière niait cette conséquence en soutenant qu'il
n'était un successeur que *re singulari*.

On se demandait aussi si l'ascendant pouvait
échapper à ces conséquences en faisant une stipulation expresse de retour

21. — La plupart des coutumes n'accordaient
le droit de retour qu'au père, à la mère et aux
ascendants; et c'était là le droit commun pour
celles qui gardaient le silence. Cependant la coutume d'Auxerre (art. 242) étendait ce droit aux
collatéraux, et celle de Valenciennes (art. 108-109)
même aux donateurs étrangers et à leurs héritiers directs ou collatéraux.

Les auteurs étaient divisés sur le point de savoir si le droit de retour s'étendait aux meubles;
mais ils étaient tous d'accord pour reconnaître la
nécessité que le bien se *retrouvât en nature* dans
la succession du donataire, et même qu'il y eût
conservé la qualité de bien donné. Toutefois on
faisait exception à cette dernière condition quand
le bien avait été aliéné en fraude du droit de retour, par exemple, quand le donataire l'avait
vendu avec l'intention de le racheter.

22. — IV. *Droit intermédiaire.* — Le retour
légal fut abrogé pour toute la France par la loi du
5 brumaire an II, refondue dans la loi du 17 nivôse an II. L'article 74 de cette dernière loi le fait
comprendre implicitement : « Les biens donnés
« par les ascendants à leurs descendants, *avec*

« *stipulation de retour*, ne sont pas compris dans
« les règles ci-dessus; ils ne font pas partie de la
« succession du descendant tant qu'il y a lieu au
« droit de retour. » Donc le retour conventionnel
seul est maintenu. L'article 5 de la loi du 23 ventôse an II décida que les donations *antérieures* à
la loi du 5 brumaire, restaient régies par la législation ancienne.

23. — Cette loi était si peu dans nos mœurs
que la réaction ne tarda pas à se faire sentir. Les
tribunaux décidèrent bientôt, en effet, que les
simples mots : *par avancement d'hoirie* renfer-
maient virtuellement stipulation de retour; cette
énonciation, disaient-ils, ne peut avoir de sens
dans une législation d'égalité parfaite, qu'autant
qu'elle exprime l'intention de donner si le donataire recueille la succession du donateur, de ne
pas donner dans le cas contraire. (Rennes, 19 flo-
réal an IX, et rejet, sect. civil., 11 brumaire an
XI. — Grenoble, 18 mai 1818, et rejet, 18 août
1820, etc., etc.)

24. — Le projet du Code civil rédigé par la
commission du 24 thermidor an VIII, ne s'occu-
pait ni du droit de retour légal, ni du droit de
retour conventionnel. C'était proscrire le premier
qui restait abrogé et permettre le second qui aurait pris naissance à défaut de texte dans la stipulation même. Les tribunaux de Toulouse et de
Montpellier se plaignirent vivement de cette pro-
scription du retour légal (Fenet, t. v, p. 578 —

t. iv, p. 505) ; la section de législation du Conseil
d'État fit droit à leurs réclamations, et dans le
projet définitif présenté au Conseil d'État par
Treilhard, dans la séance du 25 frimaire an XI,
se trouvait un article ainsi conçu : « Les ascen-
« dants succèdent toujours, et à l'exclusion de
« tous autres, aux choses par eux données à leurs
« enfants et descendants, lorsque les donataires
« sont décédés sans postérité. »

Cet article discuté à la séance du 2 nivôse an
XI (23 déc. 1802) souleva plusieurs difficultés.
M. Tronchet en indiqua l'utilité : la crainte que ce
que l'on donnait à ses enfants ne passât dans une
autre ligne ; et après quelques explications il fut
réformé, rédigé comme il l'est aujourd'hui sous
le n° 747 de notre Code. Il ne fut fait aucune observation au Tribunat.

SECTION II. — CARACTÈRE ACTUEL DU DROIT DE RETOUR LÉGAL.

25. — Nous venons de suivre le droit de retour
depuis son origine la plus reculée ; nous savons que
simple droit de résolution dans la législation romaine
et dans celle des pays de droit écrit, il devint un
véritable droit de succession dans les pays de coutumes. Il nous faut maintenant rechercher en pre-

mière ligne lequel de ces deux caractères il présente dans netre législation actuelle.

Toute personne qui fait une donation peut,
aux termes de l'art. 951, stipuler le retour des
objets par elle donnés, soit pour le cas de prédécès du donataire seul, soit pour le cas de prédécès du donataire et de ses descendants. Le cas
prévu se réalisant, le donateur reprend ce qu'il
avait donné par l'effet d'une condition résolutoire
sans qu'aucune idée de succession intervienne
(art. 952). L'ascendant qui fait une donation à
son descendant peut, comme toute autre personne
s'assurer par une clause expresse, le bénéfice du
retour conventionnel.

Est-ce à quelques différences près dans les effets, un droit de même nature qu'établit l'art. 747?
N'y faut-il voir que la supposition légale au profit de l'ascendant d'une stipulation qui n'a pas
été expressément insérée dans l'acte de donation ?

Faut-il au contraire considérer le droit de
l'art. 747, comme un droit de succession ?

26. — Tous les auteurs enseignent que le droit
de retour de l'art. 747 constitue vraiment une succession, et cette doctrine a été consacrée par un
arrêt de la cour de cassation du 28 décembre 1829.

Nous disons tous les auteurs, car nous croyons
qu'on se trompe en citant Maleville comme pro-
fessant une opinion contraire (Analyse du code
civil, tome II, art. 747). Il ne conteste pas que
le retour légal ne doive, d'après l'art. 747, se ré-

gir par les principes des successions ; il est simplement préoccupé de cette idée qu'en réalité ce
n'est pas là la vraie succession, la succession au
patrimoine, et il regrette qu'on n'ait pas adopté
la théorie romaine de préférence à la théorie coutumière. Il ne fait à notre avis qu'une critique *législative* et non pas une interprétation *juridique.*

27. La doctrine générale s'appuie sur la *place*
qu'occupe dans le Code l'art. 747, et les *expressions* dont il se sert. *La place :* c'est au titre des
successions et dans le chapitre des *successions déférées aux descendants,* que nous trouvons l'art. 747
littéralement entouré d'articles qui ne parlent que
de vocations héréditaires, il ne peut pas détonner
au milieu de ce concert! *Les expressions :* les
ascendants *succèdent aux choses,* dit l'art. 747, et
il répète deux fois ce mot ; les coutumes de Paris
et d'Orléans disaient : *succèdent ès choses;* ou la
langue française ne sait plus ce qu'elle veut dire,
ou il y a bien là création d'un droit de succession !

On peut dire il est vrai que les deux art 351 et
766 qui traitent des deux autres cas de succession anomale, et sont par conséquent intimement
liés à notre art. 747, ne se servent plus du mot
succèdent. Ils disent les choses données *retourneront,* les biens *passent....!* Mais qu'est-ce que cela
prouve, que le législateur a varié ses expressions,
voilà tout. Il est en effet impossible de douter que
ces deux articles aient en vue un droit de succes-

sion, car, 1° l'art 351 quoiqu'il ne soit pas placé au titre des successions, et qu'il ne se serve pas du mot succéder, est, quant à lui, complété et expliqué par l'art 352 qui déclare formellement que « l'adoptant *succèdera* aux choses par lui données « comme il est dit dans l'article précédent. » Et d'ailleurs l'art. 351 ne pourrait-il prouver par lui-même son caractère successif, quand il dit que les biens ne *retourneront* à l'adoptant *qu'à la charge de contribuer aux dettes et sans préjudice du droit des tiers*, 2° l'art. 766 n'emploie pas l'expression succéder, c'est vrai, mais il est placé, lui, au titre des successions.

28. — On peut encore invoquer la discussion devant le Conseil d'État des art. 55 et 56 du projet de loi sur les donations et les testaments (séance du 19 ventôse an XI). Ces articles devenus depuis les art. 951 et 952 du code, réglaient le droit de retour conventionnel. L'art. 55 se terminait par un paragraphe ainsi conçu : « *ce droit n'au-* « *ra pas lieu sans stipulation, si ce n'est au profit* « *des ascendants ainsi qu'il est réglé par l'art. 30* « *(747) au titre des successions.* » Mais M. Tronchet fit remarquer que « le droit en vertu duquel l'ar- « ticle 30 du titre des successions, auquel l'art. 55 « renvoyait, rend aux ascendants les biens par « eux donnés, est *non un droit de retour mais un* « *droit de* SUCCESSIBILITÉ. » Sur cette observation le paragraphe fut retranché (Fenet, t. XII, p. 373). Citons aussi un arrêt de la Cour de cassation

en date du 8 février 1814, qui jugea qu'il est dû
par l'ascendant donateur un droit proportionnel
de mutation ; or s'il s'agissait d'un simple retour
il ne serait dû qu'un droit fixe.

29. — L'idée de *réversion* a-t-elle pesé sur la
détermination du législateur de l'art 747 ? Distin-
guons. Si l'on entend parler de la réversion romaine et des pays de droit écrit, non, car le droit qui
consacre notre article n'est basé que sur le droit
coutumier, et comme le fait remarquer Pothier
(Traité des propres, sect. 1re art 2) les principes du
droit de réversion étaient complétement inconnus
dans le droit coutumier. Mais si l'on entend par
réversion, le *retour* produit par l'origine des biens
oui, car c'est évidemment en considération de cette
origine que le législateur a établi ce droit de succession spéciale. A ce dernier point de vue, il est
donc vrai de dire avec Lebrun (liv. 1er, chap. v,
sect. 2, n° 3 et 57) que : « *ce droit est mixte et*
« *qu'il participe du droit de réversion et du droit*
« *de succession,* et ailleurs que *ce droit est mêlé de*
« *succession et de réversion,* » et avec M. Demolombe : « *qu'il n'y a pas là sans doute un droit*
« *de retour véritable, toujours et quand même !*
« *mais que c'est aussi une* IDÉE DE RÉVERSION *qui a*
« *déterminé le législateur à établir un* DROIT DE SUC-
« CESSION » (Succ. t. 1er, n° 480).

30. — Les auteurs du Code Napoléon, décidés
à rétablir un droit de retour pour les ascendants
donateurs, ont suivi la pratique coutumière.

M. Demolombe les en félicite : « Le système des
« anciennes provinces de droit écrit, dit-il, était
« véritablement excessif, il violait tout à la fois
« la volonté de l'ascendant donateur et le droit
« même de l'enfant donataire :

« La volonté du donateur, qui, en donnant pu-
« rement et simplement, avait ainsi conféré au
« donataire un droit absolu et incontestable, avec
« le précieux avantage de pouvoir disposer libre-
« ment, vis-à vis des tiers de la chose donnée ;

« Le droit de l'enfant donataire, qui, de pur et
« simple et d'incommutable qu'il était d'après son
« titre, devenait, de par la loi, d'office et presque
« de vive force, conditionnel et résoluble ! »

Mais, était-il donc absolument nécessaire, par
cette seule raison que les conséquences du retour
des pays de droit écrit étaient fâcheuses, d'adopter
le système des pays coutumiers? Les auteurs du
Code Napoléon tout en abandonnant le droit de
retour : « condition résolutoire, » étaient-ils donc
forcés d'adopter le droit de retour : « succession
anomale? »

31. — Nous croyons, pour notre part, que le
législateur pouvait adopter un système plus avanta-
geux, en laissant au droit de retour de notre article
le caractère d'une sorte de clause résolutoire tacite
mais *limitée*. Il pouvait dire que l'ascendant donateur qui n'aurait pas expressément stipulé le
retour, serait censé avoir voulu ne l'exercer qu'à
charge de respecter les aliénations même à titre

gratuit émanées du donataire, et par corrélation
de contribuer *parte in qua* aux dettes du donataire. (Le statut de Provence agissait ainsi en certains cas.)

Au point de vue purement théorique l'avantage
aurait consisté à ne pas faire violence à la nature
des choses : en dépit des textes, au fond, le retour
légal ne peut être fondé que sur une stipulation
tacite inhérente à la donation (Furgole, quest. 42,
Sur l'ordonn. des donat.); il est au retour conventionnel ce qu'une clause virtuelle est à une
clause expresse : *Voilà*, comme dit Merlin (*Rép.*,
v° *réversion*, sect. i, art. 2), *les vrais principes*.

Les conséquences pratiques eussent été nombreuses; on les connaîtra en prenant le contre-
pied de celle que nous énoncerons plus loin sous
le n° 35.

32. — Allons plus loin, et demandons-nous si
les auteurs du Code n'auraient pas pu sans danger
reproduire purement et simplement l'art. 74 de la
loi de nivôse, laissant les ascendants libres de stipuler le retour, mais ne se chargeant pas de sup-
pléer à leur silence?

En faveur du retour légal on peut invoquer le
motif qui a déterminé le législateur romain : les
ascendants seront d'autant plus disposés à donner
à leurs descendants qu'ils craindront moins de voir
leurs biens passer en des mains étrangères (V.
Tronchet, Locré, t. X, p. 86). Ce motif est grave as-
surément. On pourrait pourtant dire avec Lebrun

(*Succ.*, liv. 1er, ch. v, sect. ii, n° 70) que cette crainte est peu probable en ce qu'elle suppose la prévision d'un prédécès qui trouble l'ordre de la nature; qu'on n'a pas besoin de l'éventualité d'un retour « *pour se porter à soutenir ceux à qui l'on* « *a donné la vie,* » et qu'en tout cas, pour ceux qui ont de pareilles préoccupations, le retour conventionnel exprès est possible.

Ce qui nous déterminerait pour le maintien du retour légal, c'est que, dans le fait, il empêche la stipulation du retour conventionnel que les ascendants pourraient assez souvent vouloir faire, et que, à raison de ses effets moins énergiques, le retour légal n'est pas au même degré que le retour conventionnel, nuisible aux intérêts moraux et économiques de la société.

33. — Étant admise la succession spéciale de l'art. 747; tous les auteurs ont cherché à la caractériser par une dénomination particulière. Ferrière l'a désignée sous le nom de *Succession in re particulari* (art. 313, *Coutume de Paris*, gl. 1re, § 3, n° 4). Mais cette qualification pourrait induire en erreur, en conduisant à croire que l'ascendant donateur qui exerce le droit de retour ne contribue pas aux dettes. Duplessis dans son *Traité des successions* (L. III, ch. ii) lui donne le nom de *Succession de retour.* Boucheul, dans ses *Conventions de succéder*, nous dit que le droit de retour coutumier était une sorte de *succession anomale.* C'est sous ce nom que la plupart des auteurs mo-

dernes désignent le droit particulier de l'art. 747.
M. Demolombe (*Succ.* 480) l'appelle *Retour successoral*, parce que, dit-il, « ce nom exprime bien
« l'idée qui a fait établir le droit et le caractère
« du droit lui-même. » D'autres auteurs enfin le
désignent simplement sous le nom de *Retour légal*, parce que les choses données retournent à
l'ascendant par le seul effet de la loi, *hoc lege fa-
ciente.*

34. — L'ascendant donateur doit-il être rangé
au nombre des *héritiers légitimes?* Cette question
est controversée.

M. Zachariæ et ses traducteurs, MM. Aubry et
Rau (t. VI, p. 717), soutiennent la négative ; ils
n'accordent à l'ascendant donateur que la qualité
de *successeur universel.* En effet, dit-on, dans ce
système la qualité d'héritier n'est attribuée aux ascendants par aucun des textes qui règlent le retour
successoral. Et même cette qualité leur est implicitement refusée par l'art. 724, *C. N.*, puisqu'il
ne confère le titre d'héritier qu'à ceux qui, à raison du lien de parenté légitime qui les unit au *de
cujus*, sont appelés par la loi à recueillir l'universalité ou une quote part de l'universalité des biens
qui constituent son hérédité : or, le retour légal
s'attache plutôt à l'origine des biens qu'au lien de
parenté. À l'appui de ce motif, on cite l'article 351
qui permet aux descendants de l'adoptant, lesquels
ne sont aucunement parents de l'adopté, de reprendre dans la succession de ce dernier décédé

sans descendants légitimes, les choses données par l'adoptant ou recueillies dans sa succession, lorsqu'elles se retrouvent en nature. On invoque encore l'art. 766 qui accorde le retour légal aux frères et sœurs légitimes, qui ne sont cependant rattachés par aucun lien de parenté à l'enfant naturel.

Mais ces motifs ne sauraient nous convaincre. En effet, dans l'ancien droit, l'ascendant était considéré comme héritier légitime, et on ne voit pas que le Code ait voulu innover sur ce point : au contraire, la place de notre art. 747 dans le chapitre des *successions déférées aux ascendants*, prouve suffisamment que la loi a entendu ranger l'ascendant donateur parmi les héritiers légitimes. Quant à l'argument tiré des art. 351 et 766, nous accorderons que sans doute le retour successoral a pour occasion matérielle l'origine des biens, mais sa véritable cause, sa cause légale, c'est le lien de parenté légitime. La preuve, c'est que nul étranger, nul parent même, autre que l'ascendant légitime ne jouit de ce droit. Ainsi la loi, pour déférer le retour successoral combine deux éléments, la qualité d'ascendant légitime et l'origine des biens.

35. — De ces deux points, à savoir : le caractère successoral du retour de l'art. 747, la qualité d'héritier légitime de l'ascendant donateur découlent plusieurs conséquences :

1° L'ascendant donateur ne peut pas du vivant

du donataire, renoncer au retour successoral ni le vendre ; par application du principe commun aux art. 791, 1130 et 1600, par lequel il est défendu de stipuler sur une succession non ouverte.

2° Si le donataire n'a pas d'enfants, le droit de retour sera ouvert par sa mort (art. 718) ; de même, avant la loi du 31 mai 1854 par sa mort civile ; enfin par sa déclaration d'absence. Dans ce dernier cas l'ascendant donateur se fera envoyer en possession provisoire (art. 120 et 123.)

3° L'ascendant donateur doit avoir la capacité requise pour succéder et n'être pas indigne (article 725 et 726). S'il n'a pas survécu au donataire, il n'a point transmis le droit de retour à ses propres héritiers ; mais s'il meurt après le donataire sans avoir pris parti, le droit à cette succession spéciale fera partie de sa propre succession, parce qu'il en aura été saisi de plein droit, et ses héritiers la recueilleront.

4° L'ascendant donateur est saisi de plein droit dès la mort du donataire en sa qualité d'héritier légitime, de tous les biens auxquels il est appelé (art. 724), dès ce moment, les fruits lui appartiennent.

5° Il devra acquitter dans les dettes de *de cujus* une part proportionnelle à la valeur des biens qu'il prend dans la succession. Ce point ne saurait être contesté, en présence de l'art. 351, qui impose cette même obligation à l'adoptant. Toutefois il s'est élevé sur cette question certaines

difficultés que nous étudierons quand nous nous
occuperons *des effets* du retour légal (v. n° 109.)

6° L'ascendant devra reprendre les biens dans
l'état où ils se trouveront au moment du décès.
Il ne pourra demander contre les héritiers ni le
dégrèvement des servitudes aux hypothèques établies par le donataire, ni même une indemnité à
raison de ces charges. Nous reviendrons sur ce
point.

7° Il pourra accepter purement et simplement
ou sous bénéfice d'inventaire. Il renoncera en ac-
complissant les formalités exigées par l'art. 784
et suivantes, s'il renonçait en fraude de ses créanciers, ceux-ci pourraient accepter de son chef jusqu'à concurrence de ce qui leur est dû.

8° Si le mari et la femme, communs en biens,
avaient donné à leur descendant un immeuble
conquêt de leur communauté, cet immeuble re-
viendra par l'exercice du retour, pour moitié à
chacun des deux époux.

9° L'ascendant devra payer au fisc le droit proportionnel établi pour les mutations par décès
(circulaire de l'administration de l'enregistrement
et des domaines du 27 brumaire an VII, et loi du
22 frimaire an VII, § 1er, n° 3 et § 3, n° 4.)

36. — Si le retour légal constitue un droit de
succession, du moins ne porte-t-il que sur des
biens d'une certaine origine, et non point sur
l'ensemble du patrimoine : il faut pourtant que
les autres biens soient dévolus à quelqu'un, et

c'est alors que les règles de la succession ordinaire s'appliquent. Les deux droits de succession sont donc distincts par leur objet. Ils ne sont pas moins distincts par les vocations qu'ils admettent. La succession anomale du retour est déférée à un ascendant ; dans la succession ordinaire coexistante, pourront se trouver appelés : soit des frères ou sœurs ou descendants d'eux; soit d'autres ascendants, etc., etc. Du reste, les termes de l'art. 747 rendent incontestable cette division du patrimoine en deux successions quand ils disent : les ascendants *succèdent à l'exclusion de tous autres*.

Il est donc faux de prétendre, avec certains auteurs, que la succession anomale des ascendants aux choses données est une part à déterminer dans la succession générale, mais qu'elle ne forme point une seconde succession.

37. — De cette idée que la succession anomale est distincte de la succession ordinaire, découle une nouvelle série de conséquences :

1° Il ne peut jamais être question d'*accroissement* entre l'ascendant et les héritiers ordinaires. En effet, s'il y a renonciation d'un côté ou de l'autre, il y a non-existence ou transmission d'une des deux successions. Si c'est l'ascendant qui renonce les biens donnés qui eussent formé la succession anomale restent confondus dans la succession ordinaire : la succession anomale n'a jamais existé. Si la renonciation vient des héritiers ordinaires, le droit de l'ascendant reste absolument le même puisqu'il est limité aux *biens donnés :* la succession ordinaire est transmise aux héritiers subséquents. Il est vrai que si la succession ordinaire n'est dévolue qu'à un seul héritier, à défaut duquel l'ascendant aurait été appelé aux deux successions, la renonciation de cet héritier aura pour effet de faire arriver l'ascendant à la succession ordinaire. Mais dans ce dernier cas il puisera son droit dans sa qualité d'héritier ordinaire, tout en conservant celle d'héritier anomal.

2° Entre le successeur à retour et les héritiers ordinaires, il n'existe jamais cette indivision spéciale aux cohéritiers d'une succession unique qu'on eût fait cesser chez les Romains par l'action *familiæ erciscumdæ.*

Dans certains cas, il faudra cependant admettre une certaine indivision, mais ce sera l'indivision ordinaire, qui eût donné lieu à l'action *communi dividundo.*

Il suit de là que ces deux sortes d'héritiers ne se devront mutuellement aucune garantie en cas de trouble ou d'éviction. Il est vrai, toutefois, qu'en cas d'éviction la contribution aux dettes, calculée sur l'importance respective de chaque succession se trouvera modifiée en raison de la diminution de valeur de la masse; il y aura lieu alors à recours, mais uniquement pour le règlement des dettes.

Il suit de là encore que le retrait successoral de

l'article 841 est sans application entre l'ascendant et les héritiers ordinaires.

3° Le rapport de l'article 857 ne peut être exigé ni par l'ascendant, ni par les héritiers; il ne sont pas *cohéritiers* et l'article 857 n'en impose l'obligation qu'entre *cohéritiers*. Comment le comprendre, d'ailleurs, puisque l'article 747 limite la succession de l'ascendant aux choses données et retrouvées *en nature* dans la succession. Il est bien clair que les choses sujettes à rapport ne seraient plus dans la succession anomale, dès lors l'ascendant n'y aurait pas droit. S'il ne peut exiger le rapport on ne peut l'exiger de lui, car celui-là seul doit le rapport qui peut l'exiger. En un mot, si l'ascendant et les héritiers rapportaient, ils ne pourraient profiter ni l'un ni l'autre de leur rapport respectif, tandis que le rapport est exigé pour être réparti également entre les héritiers.

4° Une dernière conséquence enfin de la distinction des deux successions, c'est que l'ascendant qui se trouverait appelé aux deux, peut renoncer à l'une et accepter l'autre.

Ce dernier point est contesté dans les deux hypothèses qu'il comporte.

38. — Ire *Hypothèse.* — L'ascendant renonce à la succession ordinaire, pour s'en tenir à la succession anomale. On objecte que le principe : *hereditas pro parte non adiri potest* (L. 1er, D. de acq. vel omit. her.), ne permet pas d'accepter

ou de répudier une succession pour partie; que
d'ailleurs l'ascendant n'a pas intérêt à procéder
ainsi puisque chaque succession étant proportionnellement tenue des charges et dettes, l'une ne
peut être mauvaise sans que l'autre le soit
également. Nous répondons que le principe invoqué ne peut s'appliquer qu'au cas où il y a indivision entre cohéritiers appelés à la totalité d'une
succession unique; ici nous avons prouvé qu'il y
a deux successions sans indivision ni cohéritiers.
Dans notre espèce, *ce sont*, comme disait Ferrière
(sur l'article 313) *deux successions qui concour-
rent en une même personne.* D'un autre côté nous
trouvons au contraire que l'ascendant peut avoir
un grand intérêt à refuser la succession ordinaire
pour s'en tenir à la succession anomale. Sans
doute, il contribuera toujours aux dettes; mais
il peut se faire qu'il attache un si grand prix d'affection aux biens donnés qu'il aime mieux les
reprendre coûte que coûte. Son intérêt est bien
plus saisissant encore dans le cas où il aurait reçu
une libéralité de son donataire sans clause de
préciput : s'il accepte la succession ordinaire il
sera tenu de rapporter ce qu'il a reçu, tandis qu'en
exerçant simplement son droit de retour il ne sera
pas tenu au rapport, comme nous l'avons dé-
montré plus haut. De même, dans le cas où
n'ayant encore accepté que la succession anomale, il s'aperçoit que la masse est grevée de
dettes considérables; il se déchargera d'une partie

du passif en renonçant à la succession ordinaire.

39. — 2ᵉ *Hypothèse*. — L'ascendant renonce à la succession anomale pour s'en tenir à la succession ordinaire. — On fait généralement ici une distinction. Dans le cas où l'ascendant se trouve venir à la succession ordinaire *en commun* avec d'autres héritiers, il peut parfaitement renoncer à la faveur de l'article 747 ; les biens donnés par lui resteront confondus dans la masse du patrimoine du *de cujus*, qu'il partagera avec ses cohéritiers dans la proportion de sa vocation héréditaire. Mais on n'est plus d'accord quand il se trouve venir *seul* aux deux successions. Certains auteurs veulent que dans ce cas la maxime que nous avons écartée : *pro parte hereditas adiri nequit*, s'applique quand même, parce que, disent-ils, il n'y a plus là véritablement qu'une succession régie par le droit commun. Nous ne voyons pas, pour notre part, que le fait de l'ascendant venant *seul* puisse changer le caractère particulier de chaque succession. Nous avons établi que les deux successions sont indépendantes l'une de l'autre, qu'arrivera-t-il dans notre espèce ? Que l'ascendant, quoique renonçant à la succession anomale, retrouvera les biens qui l'auraient formée dans la succession ordinaire. Mais il les prendra alors en sa qualité d'héritier ordinaire, et non plus en vertu de l'article 747. La solution de cette question a une telle importance dans les difficiles questions

de réserve et de quotité disponible que nous renvoyons à la section vii, où nous traiterons spécialement de la combinaison du retour légal avec la réserve.

40. — Avant de terminer cette section, demandons-nous enfin, ce qui arriverait si l'ascendant appelé simultanément aux deux successions avait simplement déclaré *renoncer* ou *accepter* sans expliquer son intention. Faudra-t-il appliquer sa renonciation ou son acceptation à l'une plutôt qu'à l'autre des deux successions? Oui évidemment, si l'on peut induire des circonstances que telle a été son intention. Mais dans le cas contraire, nous croyons qu'il ne faudra pas diviser les deux successions, et qu'elles se trouveront l'une et l'autre ou acceptées ou répudiées. Pourquoi rendre, avec M. Vazeille (art. 747, n° 4), la succession anomale seule responsable du parti pris par l'ascendant, il n'y a aucune bonne raison! Il est, au contraire, tout naturel de comprendre, avec M. Marcadé (art 747, n° 148), que l'ascendant qui accepte ou répudie purement et simplement, accepte ou répudie *ce qui lui est offert*, c'est-à-dire les deux successions. (Comp. Toullier, II, n° 237. Marcadé, art. 747, n° 148. Duranton, VI, 210.)

SECTION III. — QUELLES PERSONNES ONT VOCATION
AU RETOUR LÉGAL?

41. — L'art. 747 s'exprime ainsi : « Les *ascendants*, dit-il, succèdent aux choses par *eux données.* » Auront donc seuls vocation au bénéfice
de cet article, ceux qui joindront à la qualité
d'*ascendant* celle de *donateur.* Le degré de parenté de l'ascendant est tout à fait inutile à considérer, pourvu qu'il soit donateur, il succédera :
« *à l'exclusion de tous autres.* » La présence d'héritiers qui lui seraient préférables dans la succession ordinaire ne lui nuira aucunement quant à
son droit de retour. Ainsi, l'aïeul paternel donateur succédera à l'objet du retour, même en présence du frère; la division par moitié entre les
deux lignes sera sans application à l'objet du retour : l'ascendant, quel qu'il soit, y succédera
pour la totalité.

D'après cela, il est facile de résoudre une question qui avait été fort agitée dans la France coutumière, à savoir : si l'aïeul donateur devait passer
avant le père à l'égard des biens par lui donnés;
en d'autres termes, si la vocation au droit de retour résidait dans la personne du père ou dans
celle de l'aïeul donateur. Il est évident que d'après
notre article 747, l'aïeul *donateur* seul a droit

d'exercer le retour, car seul il est donateur. De même si l'aïeul donateur meurt avant son petit-fils donataire, le père de celui-ci ne pourra pas exercer la reprise, parce qu'il n'est pas le donateur.

42. — Le retour successoral étant un privilége spécial dont l'application est de droit strict, il en résulte que les héritiers de l'ascendant ne peuvent pas l'exercer, à moins cependant que le droit ne se soit ouvert dans la personne du donateur, cas auquel ils l'ont acquis par transmission dans la succession même de l'ascendant. (Art. 781.)

Bien entendu, il ne peut être question, dans notre article 747, que d'un ascendant donateur *entre-vifs*. *Les legs* ou *donations de biens à venir* par contrat de mariage faits par l'ascendant seraient caducs par le prédécès du donataire ou légataire, et le disposant réputé n'avoir jamais été dessaisi, ce qui exclut toute espèce d'idée de retour. (Art. 1039-1089.)

S'il n'y a pas eu donation proprement dite, mais partage anticipé et entre-vifs des biens de l'ascendant, ce dernier devra être considéré, au point de vue du retour, absolument comme un donateur.

Si donc l'un des enfants copartageants vient à prédécéder sans postérité, c'est à l'ascendant que les biens appartiennent par l'effet du retour, et non pas aux autres enfants par droit d'accroissement.

Le donateur de meubles a la vocation au retour, comme le donateur d'immeubles. Dans le droit coutumier, où la succession anomale était issue de la succession aux *propres*, il y avait pour décider autrement une raison qui n'existe plus aujourd'hui.

L'ascendant qui a fait une donation ou un partage entre-vifs à la charge de prestations appréciables en argent, n'est pas à considérer comme donateur pour la portion des biens donnés dont la valeur est représentée ou absorbée par les charges, mais seulement pour la portion excédant cette valeur.

Quant aux choses données à titre de *présents d'usage* que l'article 852 dispense du rapport, nous croyons qu'il faut faire une distinction : si la libéralité n'a été qu'un simple cadeau de peu de valeur, le retour n'aura pas lieu ; mais si elle peut être considérée comme ayant apporté une augmentation dans le patrimoine du donataire, et par conséquent comme une véritable donation, il y aura lieu au retour.

Dans tous les cas, le droit de retour ne saurait jamais s'exercer sur les choses acquises par le descendant par actes onéreux, lors même que ces actes eussent été faussement qualifiés de donation : *Non quod dictum est, sed quod factum est.*

43. — Arrivons à une controverse tirée de l'expression : « *les ascendants* » de l'article 747.

Si compréhensive qu'elle soit, on peut douter qu'elle s'applique aux ascendants *naturels.*

Disons tout d'abord que les ascendants *naturels* ne comprennent absolument que le père et la mère *naturels,* cela résulte de l'article 756 qui déclare que l'enfant naturel ne peut jamais prétendre aucun droit sur les biens des *parents* de l'auteur qui l'a reconnu.

Ainsi donc, si nous supposons un aïeul qui a fait donation à l'enfant légitime de son fils naturel reconnu, ou à l'enfant naturel reconnu de son fils légitime, il n'y a pas controverse, mais accord complet de tous les auteurs pour refuser à cet aïeul le droit du retour légal, par l'excellente raison qu'il n'est pas *ascendant.* Mais s'il s'agit d'une donation faite par le père ou la mère naturels, alors s'élève la controverse; peuvent-ils oui ou non réclamer le retour successoral des biens par eux donnés à leur enfant naturel reconnu?

44. — Prenons des hypothèses : l'enfant naturel a été reconnu par un seul de ses auteurs; il a été reconnu par son père et sa mère, mais l'un des deux est prédécédé; enfin il a été reconnu par son père et sa mère et tous les deux lui survivent.

L'intérêt de la question n'est pas le même dans ces différents cas. Dans les deux premiers, il est assez difficile à saisir : si un seul auteur naturel se présente, en effet, le droit de retour paraît inutile, puisque cet unique auteur prendra *toute* la succession de son enfant naturel

en vertu de l'article 765. Il prendra donc les biens
par lui donnés par droit de succession ordinaire;
à quoi bon dès lors lui donner un autre moyen
d'obtenir ce qu'il a déjà? Il peut se faire cependant qu'il ait intérêt à invoquer le droit de l'article 747, de préférence à celui de l'article 765; si
la masse héréditaire est en effet grevée d'un passif
supérieur à l'actif, il aura avantage à renoncer à
la succession ordinaire pour s'en tenir aux biens
qu'il a donnés, et auxquels il attache peut-être un
grand prix d'affection.

45. — La question n'est véritablement importante que dans notre troisième hypothèse; c'est-
à-dire dans le cas où les deux auteurs naturels
ont reconnu leur enfant et lui survivent. Celui des
deux qui a fait une donation à cet enfant peut-il
invoquer le retour successoral? L'intérêt est mani-
feste; si l'on admet le retour, le donateur reprendra les biens donnés plus la moitié du reste; si on
ne l'admet pas, le père et la mère partageront le
tout.

L'affirmative est soutenue par de nombreux
auteurs, et notamment MM. Chabot, article 747,
n° 4; —Marcadé, article 747, n° 2; — Duranton,
tom. VI, n° 221.

La négative a pour partisans principaux MM. Demolombe. *Successions* I, n° 496; —Zacharie, Aubry
et Rau, VI, p. 348; — Demante, III, n° 85 bis.

46. — Voici les arguments sur lesquels se fondent les deux systèmes:

Affirmative. — 1° Les motifs qui ont fait admettre le retour successoral en faveur des ascendants légitimes, doivent, *à fortiori*, le faire admettre en faveur des père et mère naturels. En effet, les père et mère naturels ne nuiraient en l'exerçant qu'à des successeurs irréguliers, tandis que les ascendants légitimes écartent des héritiers légitimes.

2° L'opinion contraire a pour résultat de récompenser le concubin non donateur de son immoralité;

3° L'expression ; les *ascendants*, de l'art. 747, est on ne peut plus générale.

4° Le retour de l'article 766 fournit un argument *à fortiori*. Il serait en effet contradictoire que les enfants légitimes du donateur eussent, après sa mort un droit de retour qu'il n'aurait pu exercer lui-même s'il avait survécu à son enfant naturel.

Négative. — 1° La place occupée dans le Code par l'art. 747 montre bien qu'il ne peut s'appliquer aux père et mère naturels. Les successions légitimes ou régulières et les successions irrégulières sont traitées dans deux chapitres parfaitement distincts. Le droit de l'ascendant naturel donateur serait un droit irrégulier, il ne faut donc pas le chercher dans le chapitre des successions régulières. D'un autre côté aucun texte n'en parle dans le chapitre des successions irrégulières, au contraire, l'art. 765 ne fait aucune distinction

dans la dévolution des biens entre les auteurs donateurs ou non, Il faut donc s'en tenir au texte de
cet art. 765, qui est le droit commun en notre matière. Ce texte, d'ailleurs, est en parfaite harmonie avec le principe d'égalité en matière succes-
sorale proclamé par le Code; tandis que notre
art. 747 est contraire à ce principe et par conséquent doit être interprété restrictivement. Ajoutons
enfin que les expressions : *ascendants, enfants,
descendants....* dont se sert l'art. 747 prouvent
bien qu'il n'avait en vue que la famille légitime.

2° L'argument tiré de l'art. 766 ne serait
proposable que si l'on reconnaissait aux enfants
légitimes de l'auteur prédécédé le droit de reprendre les biens reçus de lui à l'exclusion du
concubin survivant. Or ce serait évidemment
sortir des termes de l'art. 766 qui n'accorde le
retour légal aux frères et sœurs légitimes qu'à la
condition du prédécès des père *et* mère naturels.
(V .n° 121). Si donc la loi ne confère pas le droit
de retour aux enfants légitimes du donateur dans
le cas où le concubin vient à la succession de
l'enfant naturel, comment peut-on dire que dans
ce même cas, elle le confère à *fortiori* au père
donateur!

3° L'immoralité qu'on nous reproche est tout
aussi flagrante dans le système que nous combat-
tons; ne récompense-t-il pas en effet le concubin
donateur de son immoralité en lui accordant le
même privilége qu'à l'ascendant légitime. Ne

serait-ce pas d'ailleurs un scandaleux débat,
comme le dit fort bien M. Coin-Delisle, que celui
d'un père et d'une mère naturels, revendiquant
chacun dans la succession de leur enfant commun
ce qui peut provenir de chacun d'eux, pour s'en
faire une sorte de préciput!

Ce dernier système nous semble le meilleur
parce qu'il est conforme à l'esprit général du
Code à l'égard des parents naturels; quand il ne
les nomme pas expressément c'est qu'il les exclut,
donc l'art. 747 ne les concerne pas.

47. — Lorsque deux époux ont constitué une
dot à leur enfant, lequel des deux devra être considéré comme le donateur?

Il faut pour arriver à la solution de cette question considérer d'abord le régime sous lequel les
époux étaient mariés lors de la constitution de
dot; puis s'attacher aux termes dans lesquels
cette constitution est faite afin de connaître ce
que chaque époux a entendu donner personnelle-
ment. S'il n'y a aucune désignation expresse on
décidera d'après les principes que nous allons
exposer.

Pas de difficulté lorsque les père et mère ont
doté *conjointement* leur enfant en *indiquant expressément* la portion pour laquelle ils entendent
chacun contribuer à la dot. Le survivant au donataire reprendra cette portion telle qu'elle est
désignée, et cela, alors même que cette dot aurait
été fournie sur les biens personnels de l'un des

époux, mais dans ce dernier cas indemnité sera due par lui au conjoint qui fournit la dot.

48. — Si les père et mère ont doté *conjointement* leur enfant, mais *sans indiquer expressément* la portion pour laquelle ils entendent chacun contribuer à la dot, la loi détermine elle-même cette portion. L'art. 1438 décide que si les époux constituants sont mariés sous le régime de la *communauté*, la dot reste toujours à la charge personnelle de chacun d'eux *pour moitié*; et cela quels que soient les biens sur lesquels elle ait été constituée d'abord et fournie ensuite. L'art. 1544 décide de même pour le cas où les époux sont mariés sous le régime *dotal*. Il faut appliquer les décisions de ces deux articles dans le cas où les époux sont mariés sous le régime de *séparation de biens* ou *sans* communauté.

Voilà donc le droit commun dans tous les cas où il y a dot constituée *conjointement* sans indication expresse des biens sur lesquels elle doit être prise ; chaque époux survivant à son enfant donataire a le droit de réclamer le retour légal de la moitié de la dot.

49. — Que décider au cas où la dot a été constitutuée par le mari seul ? la femme en est-elle tenue ? pour quelle portion ?

Si les époux sont mariés sous le régime de la *communauté*, l'art. 1439 déclare que la dot constituée à un enfant commun, en biens de communauté, par le mari seul, sans déclaration expresse qu'il s'en charge pour le tout ou pour une part plus forte que la moitié, reste à la charge de la communauté. Si donc la femme accepte la communauté, elle supportera la moitié de la dot, et dès lors elle aura le droit d'exercer le retour légal jusqu'à concurrence de la moitié des biens constitués en dot. Si elle renonce à la communauté, elle ne contribuera nullement à la dot, par conséquent n'exercera aucun retour légal.

Si les époux sont mariés sous le régime *dotal*, l'art. 1544 décide, dans sa seconde partie, que la dot ainsi constituée par le père seul, pour droits paternels et maternels, restera en entier à sa charge. Seul donateur, il pourra donc seul exercer le droit de retour. Cette disposition doit être appliquée toutes les fois que les époux sont mariés sous un régime dans lequel le mari ne peut obliger la femme à son insu.

Section IV. — Conditions d'ouverture du retour légal.

50. — Pour qu'il y ait ouverture du retour légal, il faut, d'après l'art. 747, que le donataire meure *avant* le donateur, que le donataire meure *sans postérité*.

La première condition c'est donc le *prédecès*

du donataire. Avant la loi du 31 mai 1854, cette condition se trouvait encore réalisée par la *mort civile* du donataire; d'après cette loi, la mort civile étant abolie, nous n'avons plus à nous en occuper. Mais nous devons nous arrêter un instant sur un cas où il pourrait y avoir ouverture du retour légal sans prédécès du donataire; ce cas, non rappelé par notre article, est celui où il y aurait *absence* du donataire. L'ascendant donateur peut en effet invoquer l'art. 120, provoquer la déclaration d'absence et se faire envoyer en possession *provisoire* des biens sujets à retour, à charge de donner caution (art. 123) et à moins que l'époux commun en biens avec l'absent n'opte pour la continuation de la communauté (art. 124). Si les conditions de l'art. 129 se trouvent réunies, l'ascendant donateur pourra obtenir l'envoi en possession définitive.

Puisque nous parlons d'absence, disons en passant, que si le droit de retour venait à s'ouvrir pendant l'absence du donateur, ses héritiers, par application des art 135, et 136, ne pourraient réclamer de son chef le bénéfice de retour qu'en prouvant qu'il était encore vivant au moment où le donataire est décédé.

51. — Le plus souvent la preuve du *prédécès* du donataire ne souffrira pas de difficulté. Mais il peut arriver que le donataire et le donateur aient péri dans le même événement sans qu'on puisse savoir positivement lequel est mort le premier.

. Si le donateur et le donataire se trouvaient res-
pectivement appelés à la succession l'un de l'autre, c'est-à-dire si l'ascendant donateur n'était
primé par aucun parent préférable, quant à la
succession ordinaire du donataire, on pourra recourir aux présomptions légales des art. 720 et
suiv., et leur application, en général, fera considérer le descendant comme ayant survécu à
l'ascendant.

Mais si l'ascendant ne se trouvait pas appelé à
la succession ordinaire du donataire, on ne serait
plus dans le cas pour lequel la loi a établi les présomptions : la libre appréciation des circonstances demeurera l'unique élément de solution.

La différence n'existe guère d'ailleurs qu'en
théorie, car, dans le premier cas même, les présomption légales ne deviennent impératives pour
le juge qu'autant qu'il déclare ne pas pouvoir
en fait reconnaître laquelle des deux personnes
en question est décédée la première (art. 720).

52. — La seconde condition pour que s'ouvre
le retour légal, c'est la mort du donataire *sans
postérité*. Elle est fondée sur l'intention présumée
du donateur qui en donnant cette chose à son enfant, la lui a donnée, comme le dit Pothier : *tant
pour lui que pour toute sa postérité*. (Tr. des succ.
ch. 2, sect. II, art. 3).

Il n'est presque pas nécessaire de dire qu'il ne
s'agit ici que d'une postérité actuellement vivante.
Mais cela ne suffit pas. Il faut que cette postérité

vienne à la succession d'une manière efficace ; elle
ne compte pas si elle renonce (art. 785) ou est écartée comme indigne (727). Soutenir le contraire
serait évidemment aller contre l'esprit de la loi,
puisque le résultat serait de faire passer en des
mains étrangères les biens donnés par l'ascendant
ce qu'a pour but d'empêcher notre art. 747.

53. — Que faut-il entendre par ce mot *posté-
rite?* comprend-t-il tous les enfants ? les légitimes
comme les légitimés, les adoptifs comme les naturels reconnus ?

Quant aux *légitimes*, la loi ne distingue pas;
qu'ils soient d'un précédent mariage, qu'ils soient
d'un degré plus ou moins éloigné, ils forment
toujours la postérité légitime de l'enfant donataire, ils ont tous des droits égaux à l'affection de
leur aïeul ! Il est vrai qu'aux termes des articles
1082 et 1089 la loi spécifie les enfants à *naître de
mariage*, mais il s'agit là de donation de biens à
venir par contrat de mariage, cette espèce n'a
aucun rapport avec la nôtre. Dans ce dernier cas
les enfants à *naître* sont directement et personel-
lement donataires par suite d'une substitution
vulgaire ce qui n'a point lieu dans notre hypothèse.

Les *légitimés* par mariage subséquent sont bien
évidemment compris dans la postérité du donataire, puisqu'aux termes de l'art. 333, ils ont les
mêmes droits que les enfants issus du mariage.

54. — Les auteurs sont divisés au sujet des en-

fants *adoptifs*. Les uns s'appuyant sur l'art. 350 soutiennent qu'ils font partie de la postérité de de l'enfant donataire, puisque d'après cet article ils ont les *mêmes droits* sur la succession de leur père adoptif que ses propres enfants légitimes. Ils doivent donc faire obstacle au droit de retour, et ce résultat surprend d'autant moins que ce droit de retour ne peut jamais s'exercer au préjudice des libéralités faites par le donataire. Le principal effet de l'adoption est évidemment une sorte de libéralité faite par l'adoptant à l'adopté ; l'adoptant dispose de ses biens en se créant un héritier absolument comme il aurait pu en disposer par pure donation.

Les autres croient qu'on ne doit entendre par postérité que la postérité du *sang* ; que vis-à-vis de l'ascendant donateur les enfants adoptifs de son enfant donataire ne sont pas des descendants, des *hoirs de son corps* ; que l'argument tiré del'art. 350 serait puissant s'il n'était une véritable pétition de principe. La question en effet n'est pas de savoir si les enfants adoptifs ont les mêmes droits sur la succession de l'adoptant que ses enfants légitimes, cela ne fait aucune doute; mais bien si les choses données font partie de cette succession vis-à-vis des enfants adoptifs.

Nous pensons que la première opinion est la bonne, et nous repoussons l'accusation de pétition de principe en disant que nous ne fondons pas notre solution sur l'art. 350, mais que nous nous

en servons simplement pour dégager la pensée que
le législateur a voulu exprimer par le mot postérité.

55. — Même division de la doctrine au sujet des
enfants, *naturels reconnus*, Trois systèmes sont en
présence : 1° l'enfant naturel empêche absolument
l'ouverture du retour légal ; 2° il fait obstacle au
retour pour *moitie* des biens donnés ; 3° il ne fait
en rien obstacle à l'ouverture du droit de retour.

1er système. — Ce premier et très-radical système s'appuie sur les arguments du premier ordre que nous donnerons tout à l'heure en faveur
du second système, et d'après lesquels les enfants
naturels font partie de la *postérité* du donataire.
Il diffère du second système en ce qu'il laisse totalement de côté la combinaison de l'art. 757 avec
notre art. 747 ; il est plus logique en cela que celui-ci. Peu d'auteurs le soutiennent, parce qu'il met
l'enfant naturel sur pied d'égalité avec l'enfant légitime ce qui est contraire à l'esprit de notre code.

56. — 2e système. — Deux ordres d'arguments
militent en faveur de ce second système. Le premier a pour but de démontrer que les enfant naturels sont compris dans le mot *postérité*; le second s'efforce de combiner l'art. 757 sur les
droits successoraux ordinaires des enfants naturels
avec notre art. 747.

1°. Le mot *postérité* comprend toujours dans
notre code la postérité *légitime* et *naturelle*, lorsque le législateur veut écarter cette dernière, il

le fait en termes formels, comme dans les art. 351, 352 (succession anomale de l'adoptant) et 960 (révocation de donation par survenance d'enfant).

2° Dans l'art. 757 la loi confère aux enfants naturels une quotité de droits successoraux calculée sur ceux qu'ils auraient s'ils étaient légitimes. Dans notre cas ils écarteraient totalement l'ascendant; d'après la quotité correspondante ils l'écarteront pour *moitié* seulement.

3° On peut se servir enfin d'un argument déjà donné en faveur des enfants adoptifs, à savoir, que la reconnaissance faite par le donataire de son enfant naturel est une sorte de libéralité, de legs irréductible.

Ce système est celui de la majorité des auteurs, mais nous l'écartons parce qu'à notre avis il a le tort d'aller chercher ailleurs que dans l'art. 747 les règles du retour légal. D'après notre article le retour s'ouvre ou ne s'ouvre pas selon que le donataire est ou non décédé *sans postérité*; il n'y a pas place pour un terme moyen ; « *c'est tout ou rien* » comme le dit M. Demolombe.

57. — 3° Système. — Ce troisième et dernier système est celui de la cour de cassation. Il nous semble le meilleur, et le plus conforme à la loi, au but et à la nature du droit de retour.

1° Le mot *postérité* s'entend évidemment dans le sens restreint de postérité *légitime*, dans les art. 746 et 748 (successions déférées aux ascen-

dants); ne serait-il pas étrange que notre art. 747,
qui est entre les deux, employât le même mot
dans un sens plus étendu ? Nous venons de dire :
évidemment; les art. 746 et 748, en effet, de même
que tous ceux de cette section IV, n'entendent,
quand ils emploient les expressions *postérité*, en-
fants, *descendants*, etc., parler que des enfants
légitimes, puisqu'ils ne s'occupent que de successions régulières.

Ce sens restreint est celui que Ricard a fait
prévaloir dans la langue juridique, conformément
à la définition de la loi 6 D. *de his qui sui* : « *Filium eum definimus, qui ex viro et uxore ejus
nascitur.* » (*Tr. des dispositions conditionnelles*,
n° 560.)

2° L'argument tiré de l'art. 757 est une pure
pétition de principe, comme celui tiré de l'art. 350
en faveur des enfants adoptifs (v. n° 54) ; car
cette disposition générale de l'art. 757 laisse in-
tacte la question de savoir *quels sont* les biens sur
lesquels l'enfant naturel exercera son droit proportionnel. Les biens donnés par l'ascendant font-
ils partie de la succession à laquelle l'enfant naturel est appelé pour partie? Là est la question, et
nous la résolvons par la négative en prouvant
qu'ils ne font pas partie de la postérité du donataire.

3° Rien de plus inexact que l'argument par lequel on soutient que la reconnaissance de l'enfant
vaut une libéralité de legs irréductible ; elle n'a

et ne peut avoir d'autre résultat que d'établir des
rapports de paternité et de filiation. Sans doute
elle aura de l'influence sur la transmission des
biens de l'auteur qui l'a faite, mais elle ne constitue en aucune façon une aliénation de biens
donnés.

4° Le but qu'on s'est proposé en consacrant le
droit de retour est nettement indiqué par la loi
romaine : c'est une consolation *solatii loco* ac·
cordée à l'aïeul. Or, l'affection présumée de cet
aïeul pour le descendant légitime de son fils décédé est assez forte pour qu'on le prive de cette
consolation. En peut-il donc être de même quand
il y a descendance naturelle? Mais c'est au contraire un chagrin de plus! Y at-il un seul lien de
parenté entre l'aïeul et son petit-fils naturel? L'article 756 les déclare formellement étrangers l'un
à l'autre.

Il est vrai que s'il y a en même temps que l'enfant naturel un enfant légitime, le premier prendra une partie de la succession; mais c'est qu'alors
il n'y a pas ouverture du droit de retour, l'enfant
légitime y fait obstacle, et le droit commun de
l'art. 757 s'applique.

58. — Nous venons d'étudier ce qu'il faut entendre par le *prédécès sans postérité* de l'enfant
donataire. Cette condition, suffisante pour l'ouverture du droit de retour, est-elle de plus *indispen-
sable ?* Autrement dit, l'ascendant donateur pourrait-il reprendre les biens donnés dans la succes-

sion des enfants du donataire, décédés eux-mêmes sans postérité ?

La jurisprudence ainsi que la plupart des auteurs se sont prononcés contre l'ascendant. Cass. 20 mars 1850. (*Sir.* 1850, 1, 388). Toutefois, il n'est pas sans intérêt de connaître les arguments sur lesquels se fondent les partisans de l'opinion contraire.

1° Dans les pays coutumiers, la solution admise aujourd'hui avait plus d'adversaires que de partisans. Pothier (*Comment. sur la cout. d'Orléans*, art. 315, note 3) nous enseigne que l'ascendant pouvait exercer le retour légal « *non-seule-* « *ment dans la succession du fils à qui il avait* « *donné, mais encore dans celle de l'enfant de ce* « *fils qui avait eu les biens donnés de la succes-* « *sion de son père.* » Renusson professe la même doctrine (*Traité des propres*, ch. II, sect. XIX, n° 21). L'article 747, qui reproduit les art. 315 de la *Cout. d'Orléans* et 313 de la *Cout. de Paris*, doit être interprété comme eux.

2° L'art. 352 reconnaît à l'adoptant le droit de retour dans la succession du dernier descendant de l'adopté « Il y a, dit M. Bugnet, une raison « plus forte dans le cas de l'art. 747 : après avoir « eu le malheur de perdre son enfant et les des- « cendants de celui-ci, l'ascendant pourrait encore « éprouver le regret de voir les enfants que son « gendre ou sa bru aurait eus d'un autre mariage « succéder comme frères consanguins ou utérins

« aux petits-enfants de lui, donateur; c'est-à-dire
« qu'il verrait passer de son vivant, dans une fa-
« mille étrangère, les biens donnés par lui en
« avancement d'hoirie. »

L'annotateur de Ricard dit de même que l'ascendant, en se dépouillant en faveur de ses descendants, ne peut pas plus être présumé avoir
voulu que ses biens passassent à l'étranger au
deuxième degré qu'au premier.

69. — Ces considérations n'ont pu prévaloir
sur le texte formel de l'art. 747, qui subordonne
l'ouverture du retour au prédécès du *donataire
sans postérité*. D'ailleurs, l'argument tiré des anciennes coutumes était beaucoup plus un argument de jurisprudence que de texte, et l'on pouvait invoquer alors des motifs qui n'existent plus
aujourd'hui. Quant à celui que l'on va chercher
dans l'art. 352, nous ferons remarquer que la situation de l'adoptant n'est pas du tout la même
que celle de l'ascendant. Si la loi n'avait pas permis à l'adoptant de reprendre les biens par lui
donnés, dans la succession des descendants de
l'adopté décédé sans postérité, l'adoptant aurait
eu la douleur de voir passer ces biens en totalité
à des étrangers, puisqu'aucun lien de parenté ne
le rattache aux héritiers de l'adopté. Dans notre
hypothèse, l'ascendant voit toujours les biens
donnés passer à quelque membre de sa famille.
L'art. 352 doit donc bien plutôt fournir un argument *à contrario* qu'un *à fortiori*.

Section V. — Conditions d'exercice
du retour légal.

60. — Nous allons maintenant sortir de l'abstraction pour entrer dans la pratique. Nous supposerons un ascendant qui se trouve dans toutes les conditions requises pour avoir *vocation* au retour et dont cette vocation n'est pas entravée par les conditions extrinsèques pouvant faire obstacle à l'ouverture purement platonique, si je puis m'exprimer ainsi, de son droit. Nous nous demanderons à quelles conditions ce droit ouvert, mais inerte, de l'ascendant, pourra devenir efficace et pratique.

Les ascendants (dit l'art. 747) *succèdent.... lorsque les objets donnés se retrouvent en nature dans la succession. Si les objets ont été aliénés, les ascendants recueillent le prix qui peut en être dû. Ils succèdent aussi à l'action en reprise que pouvait avoir le donataire.*

61. — Que faut-il entendre par l'expression *se retrouvent en nature ?* Faut-il la prendre à la lettre, ou faut-il admettre au contraire des équipollences ? En un mot cette expression contient-elle ou non une idée de subrogation ?

La plupart des auteurs et la jurisprudence admettent cette idée de subrogation, c'est-à-dire la possibilité du retour, soit quand les objets se retrouvent *identiquement en nature* dans la succession, soit quand ils y sont *dûment représentés* par une chose acquise incontestablement avec les biens donnés. La loi veut en effet, dit-on, que l'ascendant reprenne tout ce dont la succession du *de cujus* donataire s'est trouvée enrichie; pourvu que ce profit se retrouve bien distinct et reconnaissable. C'est ce qui résulte bien évidemment de la disposition de l'art. 747 par laquelle l'ascendant succède au prix *encore* dû de la chose donnée et aliénée par le donataire; et encore beaucoup plus clairement de la faculté accordée à l'ascendant de succéder à *l'action en reprise*; cette action peut avoir pour résultat de faire succéder l'ascendant à des choses tout à fait différentes de celles qu'il avait données. Ce système cherche encore un argument d'analogie dans l'art. 132, qui permet à *l'absent* de retour de recouvrer les biens *acquis en remploi de ses biens vendus.*

62. — D'autres auteurs vont encore plus loin et prétendent que dans le cas où l'ascendant a donné une somme d'argent ou des denrées, le retour doit avoir lieu jusqu'à *due concurrence*, si dans la succession du donataire, il se trouve du numéraire ou des denrées de même nature et qualité que celles qui ont été données. Pour soutenir cette opinion, on dit que le numéraire comme les denrées sont choses *fongibles* c'est-à-dire *quæ pon-*

dere numero, mensurave constant, que pour ces choses, le *genre tient lieu d'espèce,* qu'elles existent légalement en nature dans toutes les choses de même sorte, *tantumdem est idem ; — aliæ aliarum vice funguntur.*

63. — La jurisprudence, de son côté, admet que l'ascendant qui a donné une somme en argent peut exercer le droit de retour sur les effets publics et billets qu'il trouve dans la succession ; et que, réciproquement, s'il a donné des billets ou des effets publics, il pourra exercer son droit sur le numéraire. Les billets et effets publics, dit-on, sont en effet la représentation du numéraire que les souscripteurs ont reçu et se sont obligés à rendre ; or : *id apud se 'quis habere videtur, de quo habet actionem :. habetur enim quod peti potest* (l. 145, *D. de verb. sign.*). Certains auteurs admettent cette extension de l'idée de subrogation, mais en exigeant la preuve, de la part de l'ascendant, que ces valeurs proviennent de sa donation.

64. — M. Demolombe, au contraire, soutient que l'art. 747 procède d'un point de vue unique, que le premier alinéa renferme un principe et le second de simples corollaires. « Si l'ascendant est « appelé à recueillir soit le prix encore dû de la « chose aliénée, soit l'action en reprise, ce n'est « point parce que la créance du prix et l'action « en reprise seraient subrogées à la chose, c'est « que, aux yeux de la loi, cette créance et cette ac- « tion ont encore pour objet la chose elle-même,

« *in specie.* Quant aux actions en reprise, actions
« tendant à faire rentrer la chose dans les mains
« du donataire *ex causa primæva et antiqua,* elles
« sont évidemment cette chose même : *qui actio-*
« *nem habet ad rem recuperandam, rem ipsam ha-*
« *bere videtur.* Quant à la créance du prix, le lé-
« gislateur a par extension appliqué la même idée
« en considérant que, tant que le prix n'est pas
« payé, l'action en résolution est possible; le lé-
« gislateur a pu se déterminer aussi par un ressou-
« venir, il est vrai mal venu, du § 41 du titre *De*
« *divisione rerum* aux Inst. (II, 1), d'après lequel
« l'aliénation n'est pas complète tant que le prix
« n'est pas payé. » (Succ. n° 518 et s.). — En ce
sens, Demante, cours, art. 747, 58 bis V; Marcadé, art. 747 VIII).

65. — Nous voici donc en présence de deux
opinions contraires : *pour* et *contre* l'idée de subrogation. Voyons quels arguments on peut opposer à l'une et à l'autre.

Contre l'opinion qui *soutient* l'idée de subrogation, on peut dire d'abord que le législateur n'a
pas eu la pensée de faire rentrer dans la possession
de l'ascendant tout ce dont la succession du *de
cujus* donataire s'est trouvée enrichie par suite de
la donation. S'il a appelé l'ascendant à succéder
au prix *encore dû,* c'est qu'il s'est laissé guider par
un vieux souvenir des idées romaines, d'après lequel le vendeur ne cessait d'être propriétaire qu'a-
près le payement du prix (Inst. II, 1, § 41). C'est

l'argument de M. Demolombe. On répond que l'explication n'est pas suffisante puisque l'ascendant donateur succéderait au prix alors même que le donataire aurait *renoncé au droit* de demander la résolution pour défaut de payement du prix. Cela est vrai, mais la loi ne statue jamais que sur le *plerumque fit*, et cette renonciation est tout à fait exceptionnelle. Quant à l'action en reprise qui peut faire reprendre à l'ascendant des choses autres que celles *données*, examinons en réalité ce qui arrive. Lorsque l'ascendant par contrat de mariage donne un bien qui se trouve par le fait même des conventions matrimoniales *irrévocablement aliéné* de suite ; c'est bien moins les objets mêmes de la donation qu'acquiert l'enfant donataire que la créance qu'ils lui procureront sur son conjoint ou sur la communauté ! Dès lors l'action en reprise porte sur la chose même donnée !

66. — On peut ajouter encore que les subrogations étant une exception aux principes ne doivent résulter que d'une disposition formelle de la loi.

On objectera sans doute que ceci tend à confondre deux choses : la subrogation dans les titres universels, et la subrogation dans les titres particuliers, la subrogation *personnelle* et la subrogation *réelle*. Il est vrai que la subrogation réelle, c'est-à-dire la subrogation qui ne se fait que d'une ou plusieurs choses à une ou plusieurs autres choses déterminées, ne peut avoir lieu que dans les cas exprimés par la loi. Mais quand il s'agit de subrogation personnelle, c'est-à-dire de subrogation qui ont pour effet de substituer une personne dans tout l'ensemble des droits d'une autre, c'est une règle inverse dont on doit faire alors l'application. Il faut dire en ce cas que la subrogation a toujours lieu de plein droit : *in judiciis universa-libus, res succedit in locum pretii, et pretium in locum rei* (L. 70, § 3, L. 71 et 72, *D., de leg.* 2°). Or, dans notre espèce, il s'agit bien d'une subrogation personnelle, car d'une part c'est à titre successif et en qualité d'héritier que l'ascendant est appelé, et d'autre part c'est une universalité de biens qu'il doit recueillir.

Cette dernière proposition, répondrons-nous simplement, est erronée ; il n'est pas vrai qu'il y ait universalité de biens ; l'ascendant ne recueille qu'un ensemble de biens déterminés dans la succession ; il est successeur *in re singulari* (v. n° 88) ; toute cette théorie de la subrogation est une violation flagrante des principes généraux en matière de subrogation, et du texte même de l'art. 747.

67. — Quant aux arguments tirés des choses dites *fongibles*, ils sont bien faciles à rétorquer. De leur nature même les choses ne sont ni fongibles ni non fongibles, c'est l'intention des parties ou la volonté de la loi qui les rendent telles. La théorie des choses fongibles telle que les auteurs qui l'invoquent la présentent n'est vraie qu'à l'égard des débiteurs de quantités, comme par exemple les emprunteurs par prêt de consommation, mais

nullement à l'égard des débiteurs d'un corps certain, fût-ce même un objet de consommation.
D'un autre côté la loi a considéré dans l'art. 747
les objets donnés non pas comme *quantités*, mais
comme *corps certains*. Cela résulte des expressions
en nature, la même que dans l'art. 1915 où personne ne peut contester son but qui est de faire
rendre par le dépositaire la chose même déposée.

68. — Contre l'opinion de M. Demolombe, qui
nie toute idée de subrogation, on peut dire que la
règle romaine : « *qui actionem habet....* » n'est au
fond qu'une fiction; elle dit : « ..... *rem ipsam
habere videtur,* » et non pas : « ..... *rem ipsam
habet.* » Cette fiction, du reste, qui n'est pas écrite
dans la loi française, n'est pas toujours applicable
aux actions en reprise, car ce qu'elles font obtenir
n'est pas toujours la chose même (voy. n° 82).
Est-ce qu'elle peut surtout s'accommoder à la
créance du prix ? Est-ce que la créance du prix ne
peut pas survivre à l'action en résolution ? N'est-
il pas alors absolument impossible que celui qui
est créancier du prix soit censé avoir encore la
chose aliénée? M. Demolombe, pressé par l'objection, appelle à son aide le § 41. *De divisione
rerum :* pourquoi le législateur se serait-il souvenu
ici d'une règle abandonnée?

M. Demolombe a été porté sans doute à soutenir cette thèse par la crainte de légitimer, en
reconnaissant dans l'article 747 une idée de subrogation, les applications qu'ont faites de cette idée

certains auteurs et certains arrêts. Mais n'est-il pas possible de rejeter ces applications erronées, en s'appuyant sur l'état même de l'article 747 qui impose le principe contesté par M. Demolombe?

69. — Quoi qu'il en soit, la doctrine de M. Demolombe nous paraît la plus juste et la plus conforme au texte de la loi. Toutes les fois qu'on se trouve en face d'une disposition exceptionnelle, il faut l'interpréter restrictivement; or, les mots : *en nature* de notre article, indiquent bien l'identité *physique et matérielle* de l'objet donné ; si cette identité n'existe pas, le retour est impossible.

Cela posé, examinons plusieurs questions qui sont des corollaires de ce principe.

Si la chose *donnée* a été *échangée* par l'enfant donataire, l'ascendant pourra-t-il reprendre la chose acquise en échange?

Non. L'échange a fait sortir la chose donnée du patrimoine du donataire; la chose donnée ne se retrouve plus en nature. L'article 1038 décide de même, que le droit du *légataire* d'un corps certain ne prend pas naissance quand le testateur a échangé l'objet légué.

L'ascendant ne reprendra pas davantage les nouveaux objets acquis avec le prix provenant des choses données, quand même il y aurait déclaration que ces objets ont été acquis des deniers provenant de la donation.

70. — Quant à la question de savoir si et dans

quels cas le retour est possible, lorsque l'ascendant a donné, soit une somme d'argent, soit des denrées, soit des créances, des billets ou effets publics, nous dirons que le retour légal ne peut avoir lieu : pour les *denrées*, que lorsqu'elles se retrouveront *in specie* dans la succession ; pour le *numéraire*, que dans le cas où la somme donnée aurait été placée par le donataire, avec *indication* de son origine, et qu'elle serait encore due à l'époque du décès du donataire ; pour les *créances*, *billets* ou *effets publics*, que dans le cas où ils n'auront pas été remboursés ni cédés lors de l'ouverture de la succession, ou qu'ayant été transportés, le prix n'en aura pas été payé.

Remarquons ici que l'identité de l'objet donné pourra être constatée en fait, quoique l'objet donné ait subi depuis la donation des modifications, qui, indépendantes ou non de la volonté du donataire, l'auront amoindri ou augmenté. Nous verrons, à propos des effets du retour légal, s'il peut y avoir lieu à indemnité dans l'une ou l'autre hypothèse (nᵒˢ 93 et s.).

71. — Il ne suffit pas que les choses données se retrouvent *en nature*, il faut encore qu'elles soient dans la succession avec leur qualité de *biens donnés*.

Si le donataire a vendu ou donné la chose donnée, et que plus tard il l'ait rachetée, elle se retrouve bien en *nature* dans sa succession, mais elle ne donnera pas lieu au retour, parce qu'elle n'y sera plus en tant que chose *donnee* : *Muta-tione personæ, mutatur qualitas et conditio rei.*

Un grand nombre d'auteurs soutiennent l'opinion contraire, en se fondant sur ce que le droit de l'ascendant n'a été limité, en cas d'aliénation, qu'en vue de protéger les *tiers* acquéreurs. Or, dans cette hypothèse, ce motif n'existe pas. Mais que décideraient ces auteurs dans cette espèce : Une chose a été donnée par un père à son fils et ensuite aliénée par le donataire; l'aïeul qui en a acquis la propriété la donne plus tard à son petit-fils; qui aura droit au retour, le père ou l'aïeul? Ils seraient sans aucun doute fort embarrassés; tandis que dans notre système la solution sera simple et facile; l'aïeul exercera le retour, car c'est vis-à-vis de lui seul que la chose a le caractère de chose donnée.

72. — Si les biens donnés ont été aliénés, mais sont rentrés dans le patrimoine du donataire par suite d'une action en reprise : *ex causa primæva et antiqua,* le retour aura lieu. Dans les cas, en effet, où ont été exercées les actions en réméré, en rescision, en annulation du contrat, il n'y a pas eu vraiment aliénation, puisque le contrat est considéré comme n'ayant jamais existé (1168-1183). Il est, du reste, impossible de refuser à l'ascendant le droit de retour dans ce cas, puisqu'il eût succédé même à l'action en reprise *non encore exercée!*

73. — Lebrun (*Tr. des suc.*) admettait encore

le retour légal quand le donataire avait aliéné en fraude du droit de retour, avec l'intention de racheter ou avec la certitude de recueillir plus tard le bien en qualité d'héritier de l'aquéreur. Un grand nombre d'auteurs ont reproduit cette décision (Marcadé, art. 747, n° 6, not. 1 ; — Zachariæ, Massé et Ch. Vergé, t. II, § 374, n° 15). Elle n'est pas très-logique, puisque la loi donne au donataire pleine et entière liberté d'anéantir le droit de retour par toute espèce de disposition.

74. — De même que le droit de l'ascendant s'évanouit devant une aliénation actuelle de l'objet donné fait par le *de cujus ;* de même il disparaît devant une donation de biens à venir faite par un contrat de mariage et comprenant l'objet donné (1082). Mais appliquerons-nous la même décision pour le cas où le donataire aurait disposé par *testament* du bien donné? Ne pourrait-on pas dire que, le testament n'ayant d'effet qu'après la mort du testateur, le donataire qui a légué les biens reçus de son ascendant, est mort investi de la propriété de ces biens, qui sont par conséquent tombés dans la succession où l'ascendant les retrouve en nature; et que dès lors celui-ci, en sa qualité d'héritier, s'en est trouvé saisi dès l'instant même du décès du testateur, et doit par conséquent les conserver à l'exclusion du légataire? Quelques auteurs ont, en effet, essayé de soutenir cette singulière doctrine, que la Cour d'Agen a même consacrée par arrêts des 13 mars

1817 et 11 décembre 1827. Mais cette opinion
compte peu de partisans; et c'est avec raison, car
elle repose sur une idée fausse. Les biens légués
par le défunt ne tombent, en effet, que fictivement
dans sa succession. L'héritier *ab intestat* n'en a
que la saisine, mais la propriété appartient au légataire dès le jour du décès du testateur (art. 1014).
En conséquence, suivant les termes mêmes de notre article 747, l'ascendant ne peut être admis
à succéder à ces biens, puisqu'ils ne se trouvent
plus réellement dans la succession du donataire.
Il n'y a pas même à distinguer si le legs est pur et
simple ou conditionnel, car dans un cas comme
dans l'autre, le légataire est investi de son droit *a
die mortis*.

75. — L'enfant donataire peut avoir disposé de
plusieurs façons. Il peut avoir fait un legs universel, un legs à titre universel, un legs de quantité,
un legs de corps certains.

Le legs est-il *universel?* Il comprend les biens
donnés comme les biens ordinaires; pas de retour
possible. Le legs est-il à *titre universel?* Il comprend soit une quote-part de tous les biens du *de
cujus*, tant des biens donnés que des biens ordinaires; soit une quote-part des biens dont la loi
lui permet de disposer; soit tous ses immeubles;
soit tous ses meubles; soit enfin une fraction des
uns et des autres. Si le *de cujus* a légué, par exemple, la moitié de *tous* ses biens, l'ascendant ne recueillera que la moitié des biens donnés; s'il a

légué tous ses immeubles, l'ascendant ne recueillera rien, tout ou une portion des biens donnés,
selon qu'ils auront compris seulement des immeubles, seulement des meubles, ou partie des uns
et des autres. Même distinction en sens inverse
dans le cas où le *de cujus* a légué tous ses meubles.
Même distinction, avec calcul de quotité, dans le
cas où le *de cujus* a légué une fraction des uns et
des autres. Le legs est-il de *quantité ?* 60 000 fr.,
par exemple; il frappe proportionnellement sur
la succession anomale et sur la succession ordinaire. Quant au legs de *corps certains*, il sera
acquitté en entier par la succession qui comprendra l'objet légué.

Nous traiterons plus loin (sect. vi, n° 96) la
question de savoir qui aura qualité pour faire la
délivrance.

76. — Nous venons d'étudier ce qu'il faut entendre par l'expression : *en nature* de notre article. Passons à deux cas spéciaux qu'il prévoit
ensuite : celui où le prix relatif aux objets aliénés
est *encore dû;* celui où le donataire a une *action
en reprise.*

Nous avons traité la question de *subrogation*
qui se rattache au *prix encore dû;* demandons-
nous ici seulement quel est le sens exact du mot
prix. Comme la loi s'applique d'une façon générale à toute aliénation, ce mot doit être entendu
dans un sens large comme signifiant toute valeur
destinée à représenter la valeur de l'objet aliéné.

Qu'il s'agisse d'une vente ou d'un échange, que
la créance du donataire aliénateur ait pour objet
une somme d'argent ou une livraison de meubles,
ou une tradition d'immeubles, tant que la créance
existe, tant que le créancier n'a pas reçu ce *qui lui
est dû*, le retour légal peut être exercé sur la
créance.

Bien que la chose qui a joué le rôle de prix
fût un corps certain, et que la propriété en ait été,
par l'effet de la convention, transférée au donataire aliénateur, tant qu'elle ne lui a pas été li-
vrée, il faut admettre la possibilité du retour, car
le donataire est encore créancier, et l'article 747
n'exige pas autre chose.

77. — Si l'aliénation a eu lieu moyennant une
rente perpétuelle, on se trouve en présence de cette
alternative : dire qu'il n'y a *jamais* une créance
susceptible du retour légal, ou dire qu'il y en a
toujours une. Admet-on que, sitôt le droit de
rente établi, le prix est payé, parce que le droit
de rente est entré dans le patrimoine ? Le retour
n'est jamais possible. — Admet-on que le prix
n'est pas payé tant qu'il reste des arrérages à per-
cevoir? Le retour aura nécessairement toujours
lieu.

Marcadé (art. 747, n° 8, note 1) soutient la
première solution : « Et en effet, dit-il, la rente
« est une chose incorporelle, c'est le droit de per-
« cevoir les produits périodiques; les arrérages
« sont les fruits de cette rente : la rente est le

« principe producteur, et les arrérages en sont
« les produits. Les arrérages d'une rente ne sont
« pas plus la rente que les fruits d'une ferme ne
« sont la ferme. Donc, une fois que le droit de
« rente est établi et entré dans le patrimoine du
« donataire, le prix est payé, l'aliénation est con-
« sommée, et l'ascendant n'a pas plus de droit
« aux arrérages qui échoient après la mort du
« donataire qu'il n'en aurait, dans le cas d'une
« vente faite à prix d'argent, aux intérêts de la
« somme reçue par ce donataire et placée par lui
« chez un banquier. » M. Dalloz (Rép. de jur.,
v° *Succ.*, 244) se range à cette opinion.

78. — Nous croyons au contraire que le retour
peut avoir lieu soit qu'il s'agisse d'une rente perpétuelle, soit qu'il s'agisse d'une rente viagère.

Il n'est pas vrai de dire en effet que le prix est
payé dès que la rente perpétuelle est établie, car,
d'après l'article 1184, le crédit-rentier peut à défaut de payement des arrérages demander la résolution du contrat et rentrer dans sa propriété. Le
retour n'aurait cependant pas lieu si le prix de
l'aliénation, d'abord arrêté en argent, avait ensuite été converti en rente perpétuelle; il y aurait
eu dans ce cas une sorte de novation dont l'effet
aurait été d'éteindre le droit de l'ascendant.

Quant à la rente viagère, nous dirons que les
arrérages encore dus ne peuvent être considérés
comme de simples intérêts, puisqu'ils représentent une portion du capital qui s'éteint à mesure

de leur payement; c'est une sorte de reliquat du prix de vente, et par conséquent l'ascendant y a droit.

79. — Le retour peut également s'exercer, à notre avis, sur l'indemnité due au donataire pour cause d'expropriation publique. Cette indemnité n'est en réalité que la représentation exacte de l'immeuble, ce qu'exprime la loi du 3 mai 1841, art. 18, en disant que : « Le droit des réclamants « (action en revendication, résolution, etc.) sera « transporté sur le prix, et l'immeuble en demeu- « rera affranchi. » Mais nous refuserons à l'as- cendant le droit d'exercer le retour sur l'indem- nité due par une compagnie d'assurances, parce que cette indemnité n'est en aucune façon le *prix* de l'immeuble, mais bien plutôt celui de la rente payée annuellement par l'assuré.

80. — Par *action en reprise*, il faut entendre toute action, soit réelle soit personnelle, tendant à obtenir le délaissement ou la restitution d'une chose (MM. Aubry et Rau, t. VI, § 608, note 33): *Rem in bonis nostris habere intelligimur : quoties possidentes, exceptionem ; aut amittentes, ad re- cuperandam eam, actionem habemus* (L. 52, D. *De acq. rer. dom.*). Cette restitution peut d'ail- leurs avoir lieu par équivalent.

Sont actions en reprise, permettant le retour : les actions en nullité pour cause d'erreur, violence ou dol (art. 1119, 1125, etc.), de lésion (art. 1681); l'action en réméré (art. 1673); l'action en reven-

dication; l'action en révocation d'une donation
pour cause d'inexécution des conditions (art. 954),
d'ingratitude (art. 955) ou de survenance d'enfant. Dans ce dernier cas, il faut supposer que
l'enfant survenu au premier donataire après la
seconde donation qu'il a lui-même faite, est décédé avant son père ou sa mère (art. 964); car s'il
survivait, le donataire originaire laissant de la
postérité, le retour légal ne s'ouvrirait pas pour
l'ascendant donateur originaire.

Le nom d'action en reprise convient assuré-
ment aussi à l'action en résolution d'une vente
pour défaut de payement du prix (art. 1654);
mais par cela seul que le prix n'est pas payé,
l'exercice du droit de retour est possible à l'é-
gard de la créance; il n'est donc pas nécessaire
de le fonder sur une action en résolution qui peut
ne pas exister.

81. — Si l'on s'en tenait aux seules actions en
résolution ou en rescision, l'énumération serait
incomplète. Il faut également comprendre dans
cette catégorie une autre classe d'actions qui ne
ressemblent aucunement aux actions en rescision
ou en résolution, et que cependant la loi désigne
elle-même sous le nom d'*actions en reprise*. Nous
voulons parler de l'action que la loi donne à l'un
des conjoints, à l'effet d'opérer la reprise dans le
patrimoine de la communauté ou de son conjoint,
soit d'un bien en nature, soit d'une autre valeur
équivalente.

L'ascendant donateur par contrat de mariage ou pendant le mariage succédera : à l'action qui compéterait à la femme dotée contre son mari, pour la restitution de sa dot (art. 1531, 1532 et 1564), ou pour la reprise de ses apports stipulée par elle pour le cas où elle renoncerait à la communauté (art. 1514); à l'action qui pourrait appartenir à l'un ou à l'autre des époux contre la communauté pour le recouvrement des valeurs qui lui appartiendrait en propre (art. 1503 et suiv.). Dans tous ces cas, l'action en reprise s'exerce tant sur l'objet lui-même que sur son représentant, et l'ascendant donateur pourrait reprendre aussi bien les biens acquis en remploi des biens donnés (art. 1434, 1435), que le prix dont il n'aurait pas encore été fait emploi. Dans ce dernier cas, l'ascendant peut réclamer non-seulement le prix *encore dû*, mais le prix *total*, car il a le même droit qu'aurait eu le donataire. Il pourra prélever les immeubles acquis en échange de ceux donnés (art. 1407), sauf récompense de sa part s'il y a soulte. Enfin, s'il agit du chef de la femme, son action portera tant sur les biens de communauté que sur les propres du mari (art. 1472).

Il peut se faire que l'ascendant qui aurait à exercer, en droit, une action en reprise du chef du mari, ne le puisse, en fait; c'est lorsque les reprises de la femme qui passent avant celles du mari, absorbent tout l'actif commun; l'ascendant ne peut

avoir plus de droits que n'en aurait le mari lui-
même.

82. — Les partisans du système de subrogation
s'emparent de ce que nous venons de dire pour prétendre, que nous avouons la subrogation quand
nous accordons à l'ascendant le droit de reprendre
en exerçant l'action en reprise du donataire des
objets ou valeurs équivalentes aux choses données.
Mais nous l'avons déjà dit : quand l'ascendant
donne un objet dont l'aliénation doit être instan-
tanée par l'effet* de conventions matrimoniales,
c'est bien moins l'objet lui-même que l'*action en
reprise* elle-même qu'il donne. La Cour de cassation l'a si bien compris qu'elle a refusé à l'ascendant le droit de retour une fois l'action en reprise
exercée par le donataire. (Arrêt du 7 fév. 1827.—
Sir., 1827, 1, 143.) Un père avait donné une
somme d'argent en dot à sa fille ; celle-ci ayant
été séparée judiciairement de biens, avait reçu
de son mari un immeuble en remboursement de
sa dot. Lorsqu'elle mourut, son père prétendit
exercer le retour légal sur cet immeuble ; et la
Cour de cassation en rejetant sa prétention s'exprimait ainsi : « Attendu que c'est par exception
« au droit commun que les ascendants donateurs
« sont autorisés par l'article 747 à succéder aux
« choses données, et que cette autorisation ne leur
« a été accordée *que sous la condition, ou que*
« *ces choses existeraient encore en nature à l'ou-*
« *verture de la succession du donataire, ou qu'il*

« *resterait dû à la même époque quelque partie*
« *du prix de l'aliénation qui en aurait été faite;*
« et attendu qu'il a été reconnu dans l'espèce que
« non-seulement la chose donnée n'existait plus
« en nature dans la succession de la donataire,
« et qu'il ne restait dû aucune partie du prix de
« l'aliénation qui en avait été faite, mais même
« *que l'action en reprise avait été exercée par la*
« *donataire de son vivant.* »

83. — La logique veut d'après cela que si les
biens ont été donnés par l'ascendant *avant* le mariage ou *hors* du contrat et qu'ils soient tombés
ensuite dans la communauté, le droit de retour
ne puisse plus s'exercer. En effet, ce n'est plus
une action en reprise que l'ascendant a donnée
là par le fait; mais ce sont de véritables objets, et
ces objets ont été *aliénés.* Aussi, M. Demolombe
nous dit-il (Tr. suc. I, 534 1°) que : « L'ascen-
« dant ne peut plus en ce cas prétendre au droit
« de retour, car la donation a eu pour objet les
« valeurs elles-mêmes que l'ascendant a données,
« et nullement une créance ou une action quel-
« conque en reprise, et le donataire en les appor-
« tant lui-même ensuite à son mariage, les a
« *irrévocablement aliénés.* »

Pour nous, cette conséquence parfaitement logique, nous le répétons, nous semble un peu
dure, et nous nous demandons s'il ne vaudrait pas
mieux en ce cas faire quelques distinctions.

84. — Pourquoi lorsque le donataire a recueilli

en nature, dans le partage de la communauté, la moitié, par exemple, des biens donnés, l'ascencendant ne pourrait-il reprendre cette moitié? Ne pourrait-on soutenir que l'aliénation résultant de la mise en communauté, n'a été qu'*éventuelle* subordonnée au cas où le conjoint aurait des reprises à exercer sur ces biens ; que ce cas n'arrivant pas et le partage étant déclaratif de propriété, le donataire a par le fait toujours conservé la propriété de la moitié qui lui est échue?

Pourquoi le droit de l'ascendant ne s'ouvrirait-il pas encore lorsque la femme ou ses héritiers renoncent à la communauté ; le mari n'est-il pas censé avoir toujours été propriétaire?

Pourquoi, si la femme exerce ses reprises, sur d'autres biens que les biens donnés à son mari, l'ascendant ne pourrait-il reprendre ceux-ci, dont le mari est toujours fictivement resté propriétaire?

85. — L'ascendant ne peut exercer les actions en reprise de son donataire qu'à condition de satisfaire à toutes les charges et obligations de ce dernier ; il n'a aucun recours à exercer à cet égard contre les héritiers ordinaires. Il ne pourrait pas non plus prétendre que les sommes qu'il a déboursées pour l'exercice de ses actions doivent être imputées sur la part des dettes dont il est tenu au prorata de son émolument. La loi ne lui accorde en effet cette action que telle qu'elle existe. Prenons pour exemple l'action en réméré ; l'ascendant devra, s'il l'exerce, rembourser à l'acquéreur

11

à pacte de rachat, non-seulement le prix principal, mais encore les frais et loyaux coûts de la vente, les réparations nécessaires et celles qui ont augmenté la valeur de l'immeuble jusqu'à concurrence de cette plus-value, conformément à l'article 1673.

86. — Quand les objets donnés ont été aliénés par le donataire, nous savons que l'ascendant ne peut plus exercer le droit de retour que sur la créance du prix ou l'action en reprise; mais ce n'est pas en vertu d'un droit personnel de réserve qu'il aura ce droit, l'article 747 exclut ce cas puisqu'il ne le mentionne pas. Grenier (Donat. II, n° 508) a soutenu que l'ascendant donateur avait comme tel une réserve. Faute d'un texte, il s'est vu conduit à la fixer à la moitié des biens sous prétexte que l'ascendant représente les deux lignes. C'est là de la pure fantaisie. La réserve ne peut appartenir qu'à ceux que les dispositions du défunt privent de l'émolument héréditaire, sans anéantir le principe de leur vocation; or, précisément, la loi n'attribue pas à l'ascendant donateur de vocation héréditaire sur les choses dont le donataire a disposé; il n'est pas possible de parler de succession réservée là où il n'y a pas de succession.

SECTION VI. — EFFETS DU RETOUR LÉGAL.

87. — Nous avons établi au début de cette étude que le droit de retour est un véritable droit de succession, parfaitement distinct du droit des héritiers ordinaires. La masse des biens laissés par le défunt donataire donne lieu, avons-nous dit, à l'ouverture de deux successions, dont l'une est *spécialisée* aux biens donnés. Cette spécialisation des biens donnés n'empêche pas, quand on les envisage en eux-mêmes, que leur communauté d'origine les constitue à l'état d'ensemble juridique et qu'ils forment une universalité dans une universalité plus étendue. Cela conduit à un effet du retour légal : la *contribution aux dettes ;* cela autorise également à conclure que la part de l'ascendant donateur dans le passif doit être basée sur la même proportion que la part qu'il prend dans l'actif, car telle est la règle pour les successeurs, *in universum jus.* L'article 351 appuie ces déductions.

88. — Mais, de ce que l'ascendant donateur succède *in universum jus*, s'ensuit-il que pour sa part de dettes, il soit tenu *ultra vires*, au delà même de la valeur de sa part dans l'actif; à moins qu'il n'ait eu soin de n'accepter que sous bénéfice

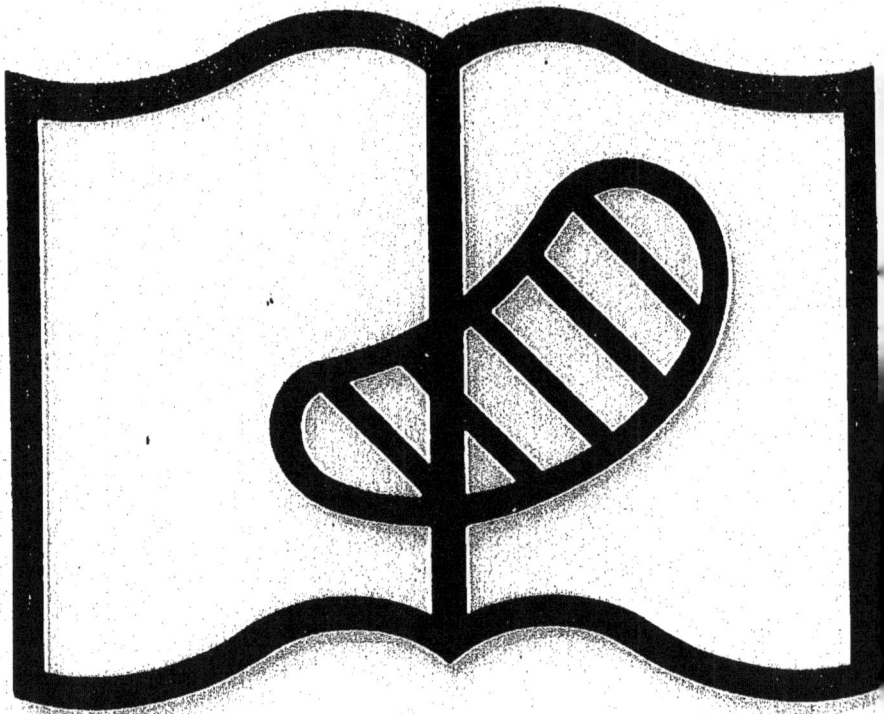

Original illisible

NF Z 43-120-10

d'inventaire? Ou bien, au contraire, n'est-il tenu
que *pro modo emolumenti*, c'est-à-dire proportionnellement à ce qu'il prend d'actif?

Pour soutenir cette dernière opinion, on peut reproduire l'opinion de Ferrière dans l'ancien droit,
et dire : l'ascendant ne succède ni à une part virile
ni à une fraction quelconque de l'universalité des
biens laissés par le *de cujus;* il est appelé à succéder *in re singulari;* or, il est de principe que les
successeurs à titre particulier ne sont jamais tenus
des dettes. Dès lors, l'ascendant ne peut être tenu
ultra vires, M. Duranton, qui d'abord avait soutenu l'opinion contraire, a cru devoir changer de
sentiment et se prononcer pour le système que
nous venons d'indiquer, parce que, dit-il : « l'ascendant est plutôt un successeur à certains biens
qu'à la personne, quoiqu'il soit d'ailleurs héritier,
et, comme tel, tenu des dettes... » (t. II, n° 209).
Quant à nous qui croyons que l'ascendant est un
véritable héritier, nous le soumettons à toutes les
obligations qu'entraîne cette qualité; or, tout
héritier (art. 724) est tenu de payer toutes les dettes du *de cujus*, et cela, *ultra vires*, et sur tous
ses biens, à moins qu'il n'ait rempli les formalités prescrites par la loi pour l'acceptation bénéficiaire (art. 802). Dans l'ancien droit, la presque
unanimité des auteurs enseignaient cette doctrine; telle était, notamment, l'opinion de Lebrun
(*Traité des succ.*, l. I, ch. IV, sect. II, n°. 97).
Enfin, nous ferons remarquer que si l'argument

— 166 —

sur lequel repose le système adverse, était vrai, à savoir que l'ascendant n'est qu'un successeur à titre particulier, *in re singulari*, on devrait aller jusqu'à décider qu'il n'est pas même tenu des dettes *pro modo emolumenti*.

89. — A côté de cet effet, nous en trouvons un autre qui se relie à la même cause. Si l'ascendant donateur est un héritier légitime, l'article 724 lui est applicable : il a *la saisine*. Et de ce qu'il a la saisine, il résulte, entre autres conséquences, que les créanciers de la succession pourront le poursuivre dès l'ouverture de cette succession, sauf à se voir opposer l'exception dilatoire de l'article 174 du Code de procédure.

Mais pour quelle portion de sa créance un créancier pourra-t-il actionner l'ascendant donateur? Pour la part dont l'ascendant est *saisi*, répond l'article 1220; pour *sa part virile*, dit au contraire l'article 873.

D'après l'article 1220, notre question serait subordonnée à la détermination de l'étendue de la saisine de l'ascendant que nous ferons tout à l'heure (n° 92). Ne pouvons-nous trouver, en attendant, dans la réponse de l'article 873, une solution immédiate?

Que l'article 1220 doive l'emporter sur l'article 873 lorsqu'il s'agit d'héritiers venant à la succession ordinaire, cela n'est contesté par personne. Il n'y a en ce cas aucune raison de rompre le

parallélisme entre la contribution et l'obligation.
Du moment que la qualité et le degré de parenté
des cohéritiers sont connus, le créancier peut
chiffrer immédiatement par une fraction la quotité des droits actifs et passifs de chacun d'eux.
Mais lorsqu'il s'agit d'un ascendant donateur succédant à un ensemble de choses distinctes, tant
qu'une ventilation n'a pas été faite, il est impossible de formuler le rapport de la valeur de ces
biens à la valeur de la masse active, ni, par suite,
la quotité respective de l'ascendant et des héritiers ordinaires dans la masse passive.

Un embarras semblable se rencontrait souvent
dans la succession coutumière, où les meubles,
les acquêts, les propres de chaque côté et ligne,
pouvaient constituer des masses distinctes dévo-
lues à divers héritiers. C'est pour cela que la
faculté de poursuivre chaque héritier *pour une
part virile* était reconnue aux créanciers (Pothier,
Succ., ch. v, art. 3, § 2). Les mots *part virile* de
notre article 873 sont manifestement un souvenir
de la doctrine coutumière. Ce souvenir a-t-il été
inconscient de la part du législateur ? Cela se
peut. Quoi qu'il en soit, nous serions fortement
porté à l'invoquer dans toute la force de sa lettre, puisque les motifs de la justice coutumière
subsistent par exception lorsqu'a lieu la succession
anomale de l'ascendant donateur. Sans cela les
créanciers seraient dépouillés, en fait, du droit qui
leur est théoriquement reconnu comme suite de

la saisine, de poursuivre les héritiers de leur débiteur *immédiatement* après son décès.

90. — On peut reprocher à ce système d'être
dans certains cas d'une rigueur excessive à l'égard
de l'ascendant donateur. Poursuivi dans la limite
de sa portion virile, l'ascendant pourra en effet
être contraint de payer provisoirement un chiffre
de dettes très-élevé, alors qu'il ne prend qu'un
objet de minime valeur. Si les héritiers ordinaires se trouvent ensuite insolvables, ses avances
pourront le constituer en perte. Mais cette objection nous touche peu, car l'ascendant a un excellent moyen de se soustraire à ce danger. Il a le
droit, lorsqu'il est actionné, de mettre en cause
les héritiers ordinaires, et de demander un délai
pour faire liquider les droits de chacun, et sa part
contributoire dans les dettes. D'après l'art. 1244,
les juges ont en effet la faculté de prendre en
considération la position du débiteur, et de lui
accorder des délais modérés pour le payement.

91. — Tout ce que nous venons de dire n'est
relatif qu'à l'action *personnelle* des créanciers de
la succession ; on peut se demander encore si l'ascendant qui, par l'effet d'une hypothèque dont
l'immeuble qu'il reprend aurait été grevé par le
donataire, a été obligé de payer une somme plus
forte que sa part contributoire dans les dettes,
peut exercer un recours contre les héritiers ordinaires pour cet excédant.

La négative est soutenue par ce motif, que l'hypothèque est un démembrement de propriété qui diminue *ipso facto* la consistance de la succession anomale, puisqu'elle ne comprend les objets donnés que dans la mesure où ils ne sont pas *aliénés* par le donataire (comp. MM. Masse et Vergé sur Zach., t. II, p. 201). C'est une sorte d'aliénation indivise, dit-on, et du reste l'ascendant est toujours maître de limiter son obligation en délaissant l'immeuble.

L'application de cette idée devrait, dans tous les cas, être limitée aux hypothèques spécialement constituées par le donataire. Les hypothèques *légales* et *judiciaires* étant de leur nature générales, ne pourraient être considérées comme la charge exclusive de la succession anomale que s'il n'y avait pas d'autres immeubles que ceux qu'elle embrasse. Au cas contraire, elles ne seraient une disposition extinctive de la succession anomale que pour la part de la dette hypothécaire correspondante au rapport de valeur des immeubles de cette succession à l'ensemble de la masse héréditaire. Pour le surplus, l'ascendant donateur aurait un recours. Mais, par une bizarre inconséquence, ce recours ne serait pas ouvert seulement contre ceux des héritiers ordinaires qui auraient des immeubles dans leur lot, ni à proportion de la valeur de ces immeubles dans la masse immobilière totale ; il serait ouvert, en vertu de l'article 875, contre tous les héritiers indistinctement, et à proportion de la part héréditaire de chacun d'eux.

Il faut donc décider, suivant nous, avec le texte et l'esprit de l'art. 875, que l'ascendant donateur aura dans tous les cas, que l'hypothèque soit spéciale ou générale, un recours pour tout ce qui excédera sa part contributoire dans les dettes. L'hypothèque n'est point, en effet, une aliénation indirecte des biens donnés, pas même un démembrement de ces mêmes biens comme le serait un usufruit, une servitude; c'est simplement une sûreté spéciale donnée à un créancier pour le garantir d'une dette qui n'en affecte pas moins et la *personne* et le *patrimoine* du débiteur. La charge en résultant doit être répartie sur tout l'ensemble du patrimoine et supportée, en définitive, par tous ceux qui viennent, à titre universel, prendre part au patrimoine.

Réciproquement l'ascendant sera exposé à un recours analogue de la part de l'héritier ordinaire qui aura, sur poursuite hypothécaire, payé l'intégralité d'une dette.

92. — L'héritier anomal, avons-nous dit, a la *saisine*; mais cela n'exclut pas la saisine des héritiers ordinaires; comment reconnaître la ligne de démarcation entre ces deux saisines?

Il y aura à cela un intérêt immédiat pour les créanciers, si l'on se refuse à leur accorder le droit de poursuite de l'art. 873 pris à la lettre (v. n° 80).

La saisine a encore pour effet d'attribuer la possession, et nous verrons plus loin qu'il y a bien d'autres graves raisons de la déterminer parfaitement.

L'ascendant donateur est saisi de tous les biens sur lesquels s'exerce son droit exceptionnel de succession ; voilà le principe. Quant à la détermination de ces biens, on y parviendra en suivant la règle que nous avons exposée aux sections IV et V sur l'ouverture et l'exercice du droit de retour. La saisine de l'héritier ordinaire comprendra tous les biens qui ne rentreront pas dans la première ; celle-ci servira, par conséquent, à déterminer celle-là.

93. — Nous savons que l'ascendant pour avoir droit au retour doit être nécessairement *donateur;* si donc il a imposé, en se dépouillant, des charges telles, qu'elles représentent la valeur des biens soi-disant donnés, il n'aura été donateur qu'en apparence ; et quand bien même ces biens se retrouveraient en nature dans la succession de celui qui les a reçus, il n'en sera pas saisi.

Que si les charges qu'il a imposées n'ont pas détruit complétement le caractère de la libéralité, l'ascendant n'aura été donateur que pour la portion dont la valeur se trouve libre. Prenons un exemple : l'ascendant a fait une donation de biens estimés 40 000 fr., à charge de payer 10 000 fr. de dettes ; les biens donnés se retrouvent en nature au décès du *de cujus;* mais comme l'ascen-

dant n'a donné en réalité que les trois quarts de
ces biens, il ne sera saisi que des trois quarts. Les
héritiers ordinaires seront saisis de l'autre quart.

Voilà ce qu'il serait logique de décider; et cependant ce que nous n'admettrons pas.

Nous avons en effet admis (v. n° 70) plus haut,
que l'exercice du retour légal porte sur les objets
donnés y compris les augmentations qu'ils ont reçus, pourvu que l'identité soit bien constatée en
fait; il nous faut donc décider, en ce cas, que l'ascendant sera saisi de ces objets ainsi augmentés,
quoiqu'il ne soit pas donateur pour toute leur valeur. Or, ne peut-on assimiler la portion des biens
correspondants aux charges à cette augmentation
des biens donnés, quoiqu'il n'en soit pas non plus
à leur égard véritablement donateur? Si dans le
cas d'augmentations postérieures à la donation,
l'ascendant se trouve saisi à titre d'héritier à retour de choses ou valeurs qu'il n'avait jamais eues,
ne peut-il *a fortiori* reprendre accessoirement une
portion de biens qui, si elle n'a pas été réellement
donnée, provient du moins de lui?

Ce raisonnement nous amène donc à décider
que l'ascendant, dans le cas d'une donation avec
charges d'une valeur inférieure à celle de la totalité des biens donnés, sera saisi et reprendra tous
les biens donnés, de même qu'il les reprendrait
avec leurs augmentations.

94. — L'ascendant donateur devra-t-il indemniser la succession ordinaire à raison des augmen-

tations, auxquelles s'étend sa saisine? Devra-t-il
acquitter seul les charges par lui imposées lors de
la donation et non encore acquittées; et rembourser à la succession ordinaire tout ce qu'elle a déjà
déboursé à cet effet?

Quant aux augmentations, il faut distinguer si
elles proviennent d'événements naturels indépen-
dants de la volonté du donataire, qui ne lui ont
occasionné aucune dépense; par exemple, d'une
plus-value résultant de travaux de voirie s'il s'agit
de maisons; il ne devra aucune indemnité. Mais
si elles proviennent du fait du donataire, on n'est
plus d'accord.

M. Demolombe décide que même dans ce cas
l'ascendant ne devra pas d'indemnité (*Succ.*, I,
n° 559) : les augmentations artificielles, dit-il, ne
sont, comme l'alluvion, que des accessoires qui
suivent le principal; il n'y a pas deux choses, il
n'y en a toujours qu'une, qui est l'objet donné
dans son identité; dès que l'ascendant en est saisi,
les héritiers ordinaires n'y ont aucun droit même
indirect. C'était, au surplus, une règle de la succession coutumière, que l'héritier aux propres, et
dès lors aussi l'ascendant donateur, ne devait à
l'héritier aux meubles et acquêts aucune indemnité pour raison d'amélioration.

La plupart des auteurs pensent, au contraire,
que l'ascendant donateur devra indemniser la succession à raison des améliorations faites par le *de
cujus*, soit pour la dépense totale, s'il s'agit d'im-

penses nécessaires, soit pour la plus-value inférieure à la dépense, s'il s'agit d'impenses utiles;
L'opinion adverse, en effet, viole le texte de
l'art. 747 qui n'appelle l'ascendant qu'*aux choses
données*, et le grand principe d'équité qui se retrouve dans les art. 548, 555, 862, 863, 1381, et
d'après lequel personne ne doit s'enrichir aux dépens d'autrui : *cum damno alterius nemo locuple-
tior fieri debet.* Oserait-on, d'ailleurs, prétendre
que si un absent revenait après l'envoi en possession définitive de ses biens, il ne devrait point
rembourser aux envoyés l'argent qu'ils auraient
dépensé pour augmenter la valeur des biens qui
vont lui être rendus, sous prétexte que ces envoyés
ne seraient eux-mêmes redevables d'aucune indemnité envers l'absent pour les dégradations
qu'ils auraient laissé survenir, sans toutefois en
avoir profité ; l'absent, en pareil cas, reprenant
ses biens dans l'état où ils se trouvent lors de son
retour (art. 32)?

L'argument tiré du droit coutumier est facile à
réfuter : précisément parce qu'il était un cas de la
succession aux propres, le retour coutumier ne
s'éloignait pas d'une façon complète du droit commun des successions; mais la succession aux propres n'existant plus, le retour légal est aujourd'hui
une matière de tous points exceptionnelle qui doit
dès lors être rigoureusement renfermée dans le
texte et dans l'esprit de la loi.

Sur notre seconde question, dont les auteurs

ne se sont pas occupés, nous dirons, en nous appuyant sur les arguments ci-dessus exposés, que
l'ascendant devra indemniser la succession ordinaire de ce qu'elle aura payé pour l'accomplissement des charges originairement imposées à la
libéralité, et supporter seul ce qui reste encore à
acquitter.

95. — En sens contraire, il est bien évident
que l'ascendant peut prendre *moins* qu'il n'a
donné, puisqu'il est obligé de respecter toutes
les aliénations et charges imposées aux biens
donnés par le donataire. Aucune indemnité ne
lui sera due par les héritiers de ce dernier pour
les détériorations ou dégradations survenues,
même par le fait du donataire et avec profit pour
lui; pas plus que pour les servitudes ou l'usufruit qu'il aurait constitués.

96. — La saisine de l'ascendant donateur s'arrête là où s'arrête l'exercice de son droit de retour, et par conséquent devant une disposition
testamentaire.

La saisine d'un bien donné par l'ascendant et
légué *in specie* par le donataire appartiendra donc
à l'héritier ordinaire qui seul aura qualité pour
en opérer délivrance. Cette solution ne laisse pas
que de présenter quelque difficulté. La demande
de délivrance a pour but la vérification du titre
en vertu duquel elle est formée, elle doit donc
être demandée à celui qui a qualité pour y con-
tredire, et par conséquent à celui qui a un intérêt

contraire à celui du légataire. Or, ici celui qui a un intérêt contraire à celui du légataire, ce n'est pas l'héritier ordinaire, mais bien l'ascendant; il peut arriver même, comme nous le verrons plus loin, que l'héritier ordinaire ait intérêt, au point de vue du calcul de sa réserve, à trouver valables les legs portant sur les choses données. En second lieu, il faut bien admettre que l'ascendant dona-teur à qui nous refusons la saisine de l'objet légué aura le droit de demander la nullité des legs ou du testament, selon le cas, puisque pour exclure le retour légal une intention de disposition n'est pas suffisante si elle n'a pas été suivie d'une réa-lisation effective et régulière.

Quoi qu'il en soit, cette solution nous paraît être la plus juridique.

97. — *Quid?* des legs autres que les legs *in specie?*

Le *de cujus* a légué tous ses immeubles ou moitié de ses immeubles, et il existait des im-meubles parmi les objets reçus de l'ascendant et qui se retrouvent en nature : la totalité ou la moitié de ces immeubles se trouvant atteinte par la disposition, est-elle *ipso facto* distraite de la suc-cession anomale et confondue dans la succession ordinaire? l'héritier ordinaire sera-t-il donc saisi de la totalité des immeubles au premier cas, de la moitié par indivis au second? La logique des principes du retour légal semble encore ici exiger une réponse affirmative.

98. — Enfin, en suivant les mêmes avis, il faudrait dire que, dans le cas où le défunt a légué par exemple cent mille francs quand son patrimoine entier représente une valeur de deux cent mille francs, la moitié indivise des objets provenant de l'ascendant et existant en nature, se trouve *ipso facto* transportée dans la succession ordinaire, et que la saisine de l'ascendant donateur ne portera que sur l'autre moitié.

On pourrait cependant ici admettre un tempérament analogue à la décision adoptée ci-dessus pour la donation onéreuse et pour le cas d'augmentations faites aux objets donnés. Le legs d'une somme d'argent atteint moins *le corps* des objets que *leur valeur*; c'est donc, peut-on dire, *la valeur* seulement des objets provenant de l'ascendant, qui est transportée dans la succession ordinaire : par conséquent, la saisine de l'héritier anomal comprendra la totalité des objets donnés par lui et retrouvés en nature, mais à charge de verser dans la succession ordinaire la fraction de la valeur de ces objets virtuellement atteinte par le legs d'une somme d'argent. Il faut, d'ailleurs, qu'une portion des objets soit restée pour le corps et pour la valeur hors d'atteinte de toute disposition : autrement on ne pourrait appliquer par analogie le raisonnement que nous avons fait au cas de donation onéreuse, pour étendre la saisine de l'ascendant donateur à la totalité des objets abandonnés par lui.

Ce tempérament a l'avantage d'éviter une indivision toujours fâcheuse. Mais il serait difficile de
l'admettre en ce qui touche les legs à titre universel.

99. — Dans tous les cas que nous venons d'é-
tudier, c'est contre l'héritier ordinaire que les
légataires dirigeront leurs actions en délivrance.
Lui seul est le représentant général du défunt, lui
seul succède au patrimoine, tandis que l'ascendant
donateur ne succède qu'à des objets rigoureusement déterminés, et n'a qualité d'héritier qu'à
l'égard des objets *dont il n'a pas été disposé.* Cela
est d'autant plus rationnel que quand l'héritier
ordinaire est réservataire, la délivrance que con-
sentirait aux légataires l'ascendant donateur ne
produirait aucun résultat définitif.

100. — Cette doctrine a d'importantes conséquences au point de vue de la fixation de la *part
contributoire* de l'ascendant donateur.

Cette part est à la masse des dettes comme es-
à la valeur de la masse active la valeur que l'ascendant donateur prend comme héritier anomal.
Tel est le sens de l'article 370 appliqué à la situation spéciale qui nous occupe.

On prendra la *valeur actuelle* des objets sur
lesquels s'exerce le retour, s'ils ont subi des dégradations; ou encore s'ils sont grevés de charges
du chef du donataire, on déduira la valeur repré-
sentative de ces charges. De même encore, s'ils
avaient été donnés à charge de prestations appré-
12

ciables en argent, l'ascendant étant astreint à faire
état de la valeur de ces prestations, sera considéré comme prenant à titre héréditaire l'excédant seulement de la valeur des objets sur la valeur des charges. De même enfin, si les objets
repris sont partiellement et virtuellement frappés
par un legs de somme d'argent, on déduira de
leur valeur la valeur du legs. Quant aux legs d'objets *in specie* ou à titre universel, ils diminuent
d'après ce que nous avons dit *ipso facto* la succession anomale, et les objets qu'ils frappent n'é-
tant pas repris, la déduction est faite d'avance.

Ces diverses opérations donneront la *valeur
nette* que l'ascendant donateur prend comme héritier anomal; et c'est le rapport de cette valeur
nette à la valeur de la masse active totale qui ex-
primera le rapport de la part contributoire de
l'ascendant donateur à la masse passive totale.

101. — Prenons une espèce : un aïeul a donné
un immeuble à son petit-fils, sous des charges
évaluées 10 000 francs, non suffisantes pour ef-
facer le caractère de libéralité. Le petit-fils meurt
sans postérité, laissant un frère et l'aïeul donateur. L'immeuble donné se retrouve en nature et
n'a point été légué : il est estimé 25 000 francs.
Le surplus de la succession représente 35 000 francs,
ce qui porte la masse active totale à 60 000 francs.
Il y a 20 000 francs de dettes : le défunt avait de
son vivant, acquitté les 10 000 francs de charges
afférentes à la donation.

L'ascendant donateur est saisi de l'immeuble provenant de lui, mais il doit verser dans la succession ordinaire la valeur des charges, soit 10 000 francs. La valeur *nette* qu'il prend comme héritier anomal est donc de 15 000 francs. Or, le rapport de cette valeur à l'actif total 60 000 fr., est de un quart : donc l'ascendant *contribuera aux dettes* pour un quart, soit 10 000 francs. De sorte qu'en définitive, reprenant un immeuble qui vaut 25 000 francs, mais versant 10 000 francs au frère héritier ordinaire et 10 000 francs aux créanciers, il touchera une valeur de 5000 francs.

Nous avons supposé que les 10 000 francs de charges imposées dans la donation avaient été payées par le donataire : on peut supposer, au contraire, que cette dette subsistait en outre des 20 000 francs de dettes ordinaires. Le calcul sera le même : seulement au lieu de rembourser les 10 000 francs de charges à l'héritier ordinaire, l'ascendant donateur aura à accomplir directement les charges envers ceux pour qui elles ont été stipulées, et ces charges ne figureront pas dans la masse passive.

Pour prévoir toutes les espèces, appelons R la valeur des *objets repris* par l'ascendant, *m* la valeur à déduire pour les raisons indiquées au numéro précédent : R-*m* représentera la *valeur nette* de la succession anomale. Soit en outre A la valeur active totale, D la somme totale des dettes, et x, la part contributoire de l'ascendant dans les dettes.

Nous pourrons poser l'égalité suivante :

$$\frac{x}{D} = \frac{R-m}{A} \cdot \text{ D'où cette formule : } x = \frac{D(R-m)}{A},$$

c'est-à-dire qu'on obtiendra la part de l'ascendant donateur dans les dettes, en multipliant la somme des dettes par la *valeur nette* de la succession anomale et en divisant le produit par la somme des valeurs actives.

SECTION VII. — COMBINAISON DE L'ART. 747 AVEC LES PRINCIPES QUI RÉGISSENT LA RÉSERVE.

102. — Du moment qu'il existe un ascendant capable d'invoquer le retour légal de l'art. 747, il y a très-fréquemment un ou plusieurs héritiers *à réserve*, soit dans chaque ligne, soit seulement dans la ligne du prétendant au retour; dans la ligne de ce prétendant, il peut y avoir un ou plusieurs réservataires, et le prétendant au retour peut être lui-même ou l'unique réservataire, ou l'un des réservataires.

L'hypothèse se réalisant où la question de réserve et la question de retour légal se posent l'une et l'autre, comment devra-t-on la résoudre?

La quotité disponible s'exprime *in abstracto* par un rapport fractionnaire, et la réserve par la fraction complémentaire de l'unité; mais on ne peut convertir ces deux rapports en valeurs concrètes qu'autant qu'on sait quelle quantité, quelle masse, on doit multiplier par ces rapports.

La réserve des ascendants est de un quart pour chaque ligne : mais un quart de quoi? Opérera-t-on sur la totalité des biens laissés par le défunt, ou seulement sur ce qui en restera, déduction faite des biens donnés par l'ascendant? Y aura-t-il un mode unique de calcul, ou divers modes appropriés à des hypothèses diverses?

103. — Les systèmes qui se sont produits ont jeté dans cette matière, comme le dit M. Demolombe, beaucoup de confusion et d'obscurité.

Les premiers commentateurs du code Napoléon n'avaient pas embrassé la difficulté dans tout son ensemble, et, sans les accuser comme le fait Marcadé « de nager à pleine eau dans l'absurde », on peut dire que les solutions spéciales que chacun d'eux a données se prêtent peu à la construction de systèmes généraux homogènes; aussi n'en ferons-nous pas l'objet d'un examen approfondi.

Des théories complètes ont été proposées plus récemment, l'une par MM. Aubry et Rau (t. V, § 687), la deuxième par M. Bézy (Revue du dr. fr. et étr., 1847, p. 485), la troisième par M. Vernet (Quotité disp., p. 541); la quatrième par MM. Marcadé (747. IX) et Demolombe (Donat. t. II, nᵒˢ 126 et s.

104. — Avant d'entrer dans l'examen de ces théories, définissons exactement les expressions dont nous comptons nous servir, et posons des principes.

Les auteurs emploient généralement les expressions *biens donnés* et *biens personnels*, pour indiquer les biens sur lesquels s'exerce le droit de retour et ceux de la succession ordinaire. Nous préférons les expressions *biens à reprendre* et *biens ordinaires ;* en effet, les biens à reprendre peuvent comprendre des créances ou actions *subrogées* aux biens donnés et non pas véritablement données elles-même ; d'un autre côté, les biens ordinaires peuvent comprendre des biens donnés sur lesquels ne peut s'exercer le retour, biens qui ne sauraient rentrer dans la dénomination des biens personnels.

Sont encore *biens à reprendre*, les biens donnés qui n'ont pas été légués *in specie*, et, en cas de legs *in genere*, toute la portion non comprise dans ces legs ; sont *biens ordinaires*, au point de vue de la réserve, ceux qui sont l'objet de legs *in specie*, ou la portion comprise dans les legs *in genere*. M. Demolombe (op. cit. n° 132) n'admet qu'avec hésitation que ceux des biens donnés dont l'enfant donataire aura disposé, soient des biens ordinaires au point de vue de la réserve.

L'action en réduction, dit-il, a pour but de

faire rentrer dans la succession *ab intestat* les biens que le défunt avait donnés ou légués, comme s'ils n'en étaient pas sortis ; or, si les biens donnés par l'ascendant rentraient ainsi dans la succession *ab intestat*, est-ce-qu'ils ne devraient pas être recueillis par l'ascendant lui-même, seul héritier possible *ab intestat* de ces biens-là ?

Nous répondrons à cette objection, que ce n'est qu'au regard des réservataires que la réduction fait rentrer dans la succession *ab intestat* les biens qui, en réalité, en étaient sortis. La vérité subsiste (art. 921) à l'égard de tous autres, notamment de l'ascendant donateur qui, par l'effet de la disposition par le donataire des biens donnés par lui, a perdu toute vocation au retour, car il n'a, comme donateur, aucun droit de réserve (v. n° 86). Il en serait de même si la succession anomale se trouvait sans application par suite du prédécès du donateur, de sa renonciation ou de son indignité déclarée.

Certains auteurs ont admis ce raisonnement dans le cas où le donateur ne pouvait être héritier que dans la succession anomale, et l'ont rejeté quand il se trouve aussi être héritier ordinaire ; quant à nous, il nous semble aussi probant dans un cas que dans l'autre.

105. — Posons maintenant quelques principes : 1° L'ascendant donateur succède aux *biens à reprendre* « *à l'exclusion de tous autres* ». On ne peut ni supprimer ni diminuer directement ou

indirectement son droit, pas plus *au nom de la réserve* qu'au nom de la succession *ab intestat*.

2° L'ascendant donateur n'a comme tel aucun droit de réserve sur les biens *donnés* qui ne sont pas *à reprendre*.

3° Tout ce qui n'est pas *disponible* demeurant *réservé*, quotité disponible et réserve sont deux portions complémentaires d'un même tout. Il faut qu'en les réunissant on retrouve la masse dont la quotité disponible est une fraction.

4° La somme des valeurs amendées à titre de réserve par les différents réservataires doit être égale à la réserve totale. Cette proposition se relie à la précédente.

5° Les qualités d'héritier anomal et ordinaire peuvent se trouver réunies dans un même ascendant : la loi n'ayant rien établi de spécial à cet égard, chacune des deux qualités produira, au profit du bénéficiaire unique comme au profit de deux personnes distinctes, ses effets respectifs au point de vue de la *réserve* aussi bien qu'au point de vue de la succession *ab intestat*.

106. — Passons aux systèmes proposés :

Système de MM. Aubry et Rau. — La quotité disponible se calcule sur tous les biens laissés par le défunt ou dont il a disposé entre-vifs, sans distinguer si certains de ces biens sont *à reprendre* en vertu du retour légal. Elle est fournie en premier lieu par les biens ordinaires, et subsidiairement par les biens à reprendre.

La réserve so calcule sur les biens ordinaires seulement. L'ascendant qui est héritier anomal et ordinaire exerce distinctement les droits résultant de sa double qualité.

Ce système viole notre premier principe : si la quotité disponible est formée subsidiairement par les biens à reprendre, le donateur ne recueille pas ces biens à l'*exclusion de tous autres*. Il viole également le troisième principe, en calculant le disponible sur les biens ordinaires plus les biens à reprendre et la réserve sur les ordinaires seulement.

107. — Système de M. Bézy. — La quotité disponible et la réserve des ascendants, quels qu'ils soient, se calculent toujours sur *tous* les biens du défunt, biens à reprendre et ordinaires. Les réservataires prennent leur réserve sur les dispositions jusqu'à ce qu'elles soient réduites au disponible ; ensuite, et subsidiairement, sur l'ascendant donateur ; mais le recours contre ce dernier ne peut leur faire obtenir plus que la réserve, *calculée sur les biens ordinaires seulement*.

Ce système, en exposant l'ascendant à une action subsidiaire, viole le premier principe; et le troisième lorsqu'il calcule, à l'égard du donateur, la réserve sur une masse moindre que celle qui a servi à fixer le disponible.

108. — Système de M. Vernet. — La quotité disponible se calcule sur la masse totale y compris les biens à reprendre. Elle est fournie par les biens

— 186 —

ordinaires et subsidiairement par les autres. La réserve de tout ascendant héritier ordinaire, se calcule sur la même masse que la quotité disponible, mais elle ne se prend que sur ce qui reste des biens ordinaires après épuisement de la quotité disponible : elle est annulée si la quotité disponible absorbe tous les biens ordinaires. Tous les biens à reprendre appartiennent à l'ascendant donateur, sauf ce qui en serait nécessaire pour compléter la quotité disponible en cas d'insuffisance des biens ordinaires.

Ce système viole notre premier principe, en parfaisant au besoin la quotité disponible aux dépens des biens à reprendre. Il respecte nominalement notre troisième principe, mais le viole en réalité, puisque les réservataires pouvant être privés tantôt d'une partie, tantôt même de la totalité de leur réserve, il n'est plus possible, en additionnant le disponible et l'émolument des réservataires de reconstituer le tout dont le disponible est une fraction.

109. — Système de MM. Marcadé et Demolombe. — Ce quatrième système est le seul qui à notre avis, puisse s'harmoniser avec tous les principes.

La quotité disponible et la réserve se calculent sur la masse de ce que nous appelons les *biens ordinaires*, nullement sur les *biens à reprendre*. La réserve ainsi déterminée se défère suivant les règles habituelles : l'ascendant donateur y prend

part comme un héritier ordinaire, s'il est héritier
dans la succession ordinaire. Il succède dans tous
les cas exclusivement à tous et sans aucune diminution quelconque, aux biens *à reprendre*.

On objecterait en vain que la quotité disponible doit se calculer sur tous les biens indistinctement, par ce motif que le descendant donataire
aurait pu disposer librement des biens qui se trouvent *à reprendre* faute de disposition. Sans doute
la disposition de ces biens aurait pu avoir lieu,
mais elle n'a pas eu lieu, et dès lors le donateur
y doit succéder à l'*exclusion de tous autres ;* donc
ces biens n'existent pas dans la masse dévolue
ab intestat aux héritiers ordinaires; donc ils ne
peuvent être comptés pour déterminer la réserve,
qui n'est qu'une succession *ab intestat nécessaire*;
donc ils ne peuvent être comptés pour déterminer
la quotité disponible, puisque disponible et réserve sont les deux parties d'un même tout.

Le code Napoléon, ayant considéré le retour
légal comme une succession, c'est à l'idée de l'in-
dépendance de la succession anomale et de la
succession ordinaire qu'il faut rattacher le système de calcul qui vient d'être exposé (voy. sup.
n° 39, n° 35, et s.).

110. — Appliquons notre théorie. L'hypothèse
commune que nous prendrons est celle-ci : le défunt n'a ni postérité, ni frères, sœurs ou descendants d'eux ; il laisse en tout une valeur de 40 000

francs, dont 20000 francs de biens donnés par un aïeul paternel encore vivant.

1° Le défunt a légué *in specie* tous les biens autres que les biens donnés. — S'il y a des ascendants dans les deux lignes, la quotité disponible à laisser aux légataires sera de 10000 francs ; elle sera de 15000 s'il n'y a d'ascendants que dans une ligne. — Dans tous les cas, l'aïeul donateur reprend les 20000 francs provenant de sa donation et retrouvés en nature. S'il est le plus proche héritier dans sa ligne, il prend en outre à titre de réserve 5000 francs ; s'il est en concours dans sa ligne avec d'autres ascendants au même degré, il prend à titre de réserve sa quote-part dans les 5000 francs. Le *maximum* de ce qu'il peut recueillir est de 25000 francs ; le *minimum* est de 20000 francs.

2° Le défunt a légué *in specie* tous les biens donnés, et n'a pas disposé des autres. Il n'y a pas de *biens à reprendre*, il n'y a donc qu'une seule masse. Y a-t-il des ascendants dans les deux lignes, la quotité disponible est de 20000 francs et la réserve est pour chaque ligne de 10000 francs. N'y a-t-il d'ascendants que dans une ligne, la quotité disponible est de 30000 francs. L'aïeul donateur prend ou ne prend pas la réserve de sa ligne, il la prend en totalité ou en partie, selon qu'il est ou qu'il n'est pas au degré le plus proche dans sa ligne, selon qu'il est ou non seul de ce degré dans sa ligne.

3° Supposons enfin que le défunt a disposé de 18 000 francs de biens donnés, et de 20 000 francs de biens d'une autre origine. Nous dirons : il y a 2000 francs de *biens à reprendre*, et 38 000 francs de *biens ordinaires;* et nous procéderons comme dans l'hypothèse précédente, avec cette seule différence, que la quotité disponible et la réserve seront calculées sur 38 000 francs et non sur 40 000 francs, c'est-à-dire que la quotité disponible sera de 19 000 francs ou de 28 500 francs, selon qu'il y aura des ascendants dans les deux lignes ou dans une seule. Il n'y aura d'ailleurs rien à changer aux calculs si l'ascendant donateur est lui-même héritier ordinaire. Dans tous les cas, il aura comme donateur les 2000 francs de *biens à reprendre.*

111. — La cour de Cassation a rendu, le 8 mars 1858, un arrêt des considérants duquel il ressort que, le droit du retour légal constituant une succession particulière distincte de la succession ordinaire, l'ascendant donateur, et en même temps héritier à réserve, doit d'abord prélever les biens sujets au retour, et prendre ensuite sa réserve, laquelle sera calculée, pour lui comme pour les autres réservataires, en dehors des biens sujets au retour légal (Sir. 1848, I, 545).

112. — Nous avons supposé des dispositions testamentaires *in specie;* si l'on suppose des dispositions entre-vifs ou *in genere,* ou la disposition de la « quotité disponible », notre théorie

s'appliquera sans difficulté, pourvu qu'on tienne compte des règles posées sur ces hypothèses (*sup.*, n° 97). Si l'on suppose le legs d'une somme d'argent, et que l'on admette la théorie proposée (*sup.*, n° 98), on fera subir une réduction aux *biens à reprendre*, pour obtenir la *valeur à reprendre;* et les *biens ordinaires* comprendront même les valeurs déduites de la valeur des biens à reprendre. Les éléments ainsi fixés on procédera au calcul de la réserve et de la quotité disponible conformément aux règles générales ci-dessus établies.

113. — Terminons cette matière compliquée, en mettant en jeu, dans une hypothèse complète, les principes que nous avons exposés sur le calcul de la *contribution aux dettes* et sur le calcul de *la réserve.*

Le *de cujus* laisse un aïeul donateur, son père et sa mère. Des objets donnés par l'aïeul, il s'en retrouve en nature qui représentent une valeur de 80 000 francs. Il y a pour 20 000 francs d'autres biens : la somme de l'*actif* représente par conséquent 100 000 francs.

Le *de cujus* avait donné entre-vifs 14 000 francs. Il a légué une *somme d'argent* de 40 000; enfin son *passif* d'autre part s'élève à 50 000 francs.

Le legs de 40 000 francs, portant sur l'ensemble de la valeur active, frappe la valeur des biens à reprendre à proportion de ce qu'est cette valeur dans la valeur de l'actif total. Or, 80 000 représentent les quatre cinquièmes de 100 000 : donc

les biens à reprendre sont atteints pour les quatre
cinquièmes du legs de 40 000 francs, c'est-à-dire
pour 32 000 francs. Déduisant cette somme de la
valeur des biens à reprendre, on obtient 48 000
francs; c'est la *valeur à reprendre*, la consistance
vraie de la succession anomale. Le surplus de la
masse active, soit 52 000 francs, constitue la succession ordinaire.

Appliquons maintenant à la succession ordinaire l'art. 922. De la valeur active il faut re-
trancher le passif qui la grève : or les deux successions doivent contribuer, chacune à raison de
sa valeur, au passif total qui est de 50 000 fr. La
part à la charge de la succession ordinaire est
donc déterminée par la proportion suivante :

$$\frac{x}{50\,000} = \frac{52\,000}{100\,000};$$

d'où $\quad x = \dfrac{50\,000 \times 52\,000}{100\,000} = 26\,000$ fr.

Si de 52 000 on retranche un passif de 26 000,
il reste 26 000.

Toujours conformément à l'art. 922, nous ajou-
terons la valeur de la donation faite entre-vifs par
le *de cujus*, 14 000 fr. : nous arriverons au chiffre
de 40 000 fr. Voilà la masse sur laquelle il faut
calculer la *quotité disponible*. Cette quotité disponible serait des 3/4 si nous supposions des ascendants dans une seule ligne ; elle est de 1/2, soit
20 000 fr., puisque nous en avons supposé dans
les deux lignes.

Sur cette quotité disponible s'impute d'abord
la donation entre-vifs; il reste 6000 fr. pour le
légataire. De telle sorte que l'actif de 100 000 fr.
existant au décès se trouve, en dernière analyse,
réparti comme suit :

L'ascendant donateur, après déduction de la
valeur absorbée par le legs et payement de sa
part de dettes, prend net. . . . . . 24 000 fr.
Le père et la mère ont leur ré-
serve, ensemble. 20 000
Les créanciers sont intégralement
payés. 50 000
Le légataire reçoit. , ... 6 000
                              _____
Total égal. . . . . . . 100 000 fr.

On le voit, nous calculons d'abord la part
pour laquelle les *biens à reprendre* sont atteints
par le legs de sommes d'argent, et nous ne calculons la part de l'ascendant donateur dans les
dettes proprement dites que sur ce qui reste de
la valeur des *biens à reprendre*, après qu'on en a
déduit la portion pour laquelle ils sont atteints
par le legs.

Au contraire, dans le système généralement
admis, la contribution aux dettes doit être basée,
comme la contribution au legs de sommes d'argent, sur la *valeur brute des biens à reprendre*
(*Comp. Demante*, t. IV, n° 52 *bis*, VI). Il est clair
qu'avec ce calcul l'héritier anomal contribue aux
dettes dans une proportion plus forte que la va-

leur qu'il prend effectivement comme héritier à
retour.

Le mode ordinaire de calcul présente, M. Demante en convient, cette singularité que la contribution de l'ascendant donateur au legs n'est
pas employée au payement du légataire et sert au
contraire à grossir tant la réserve des héritiers
que la quotité disponible sur laquelle s'imputent
d'abord les donations entre-vifs. Cette bizarrerie
ne se rencontre pas dans notre système : quand
nous établissons quelle part de la valeur des biens
à reprendre est transportée par l'effet du legs dans
la succession ordinaire, nous ne faisons qu'une
opération destinée à fixer la consistance de la valeur qui constituera l'actif de la succession ordinaire; c'est seulement sur cet actif que nous calculons ensuite ce qui revient au légataire, lequel
ne peut par lui-même rien réclamer à l'ascendant
donateur.

CHAPITRE II.

DES SUCCESSIONS ANOMALES DE L'ADOPTANT ET DE SES DESCENDANTS, ET DES FRÈRES ET SŒURS LÉGITIMES D'UN ENFANT NATUREL RECONNU.

SECTION Iʳᵉ. — DE LA SUCCESSION ANOMALE
DE L'ADOPTANT ET DE SES DESCENDANTS.

(Art. 351 et 352 C. N.)

114. — Nous voici en présence d'un nouveau cas de retour légal, d'une nouvelle dérogation à l'art. 732, qui prohibe la recherche de l'origine des biens. Toute la théorie du droit de retour que nous avons exposée au point de vue de l'ascendant s'applique ici avec de légères différences. C'est un droit *successif* de même nature que celui de l'art. 747 ; notre art. 352 se sert formellement du mot *succéder*.

L'adoption ne change rien dans notre droit aux droits successoraux respectifs de l'adopté et de ses parents par le sang ; l'adoptant ne devient point héritier de son fils adoptif. D'où vient que le législateur s'est déterminé à créer une nouvelle exception au droit commun en permettant à l'adoptant de reprendre comme l'ascendant les biens qu'il a donnés à son fils adoptif?

« Cette disposition, » disait le tribun Gary (séance du 2 germinal an XI) en expliquant nos art. 351 et 353, « cette disposition est juste et utile ; elle est « juste, car si l'affection de l'adoptant pour « l'adopté a pu le porter à se dessaisir en sa fa- « veur, il n'est pas présumable qu'il ait voulu se « dépouiller, lui et sa postérité, pour enrichir une « famille étrangère, et ce serait l'accabler, s'il « avait en même temps à gémir sur la perte de « l'objet de son affection et à déplorer celle de « ses biens. Cette disposition est encore utile, en « ce qu'elle encourage les libéralités qui, fondées « sur des motifs honorables et répandues avec « choix, sont presque toujours des moyens de « prospérité publique. »

115. — Deux conditions sont requises pour l'ou- verture du droit de retour de l'adoptant. Il faut : 1° Que l'enfant adoptif décède *sans postérité.* L'article 354 déclare formellement que la postérité *légitime* seule fait obstacle au droit de retour. A la postérité légitime, il faut rattacher les enfants *légitimés* en vertu de l'article 333, et selon nous les enfants *adoptifs* en vertu de l'article 350. Il faut que ces enfants viennent effectivement à la succession de leur père, s'ils renoncent ou en sont exclus comme indignes, le droit de retour s'ouvre pour l'adoptant.

Nous trouvons là une règle spéciale à la succes- sion anomale de l'adoptant; l'article 352 accorde à l'adoptant le droit de retour, même dans la suc-

cession des enfants de l'adopté décédés sans postérité, droit d'ailleurs qu'il ne pourra exercer qu'au
décès du *dernier mourant.*

2° Que les biens donnés existent en *nature*,
dans la succession du donataire ou du dernier
mourant de ses descendants.

116. — Nous avons étudié, à propos de l'article 747, ce qu'il faut entendre par ces expressions : *en nature*, nous n'y reviendrons pas.

Mais nous devons nous demander ici, eu égard
au silence gardé sur ce point par nos articles, si
l'adoptant a, comme l'ascendant donateur et
comme les frères et sœurs légitimes de l'enfant
naturel (art. 766, 3ᵉ cas de succ. an.), le droit de
reprendre le *prix encore dû*, et d'exercer les *actions en reprise.*

Quelques auteurs tranchent la question contre
l'adoptant, en soutenant qu'en matière exceptionnelle, il faut s'en tenir à la lettre du texte.

Nous reconnaissons, quant à nous, à l'adoptant,
le même droit conféré par les articles 747 et 766
à l'ascendant et aux frères et sœurs légitimes. Il y
a analogie parfaite entre les espèces, et l'adoptant
doit être encore bien plus favorisé que l'ascendant, puisque les héritiers de son fils adoptif lui
sont complétement étrangers.

Certains auteurs, et notamment M. Duranton
(tit. III, n° 323 et 324), admettent bien notre décision quant aux actions en reprise, et la repous-
sent quant au prix encore dû. Ils nient tout

d'abord l'analogie que nous trouvons entre nos articles et l'article 747, puisque le cas de ce dernier est moins favorable que celui des premiers; de sorte que, selon eux, on en est réduit à n'argumenter que des principes généraux. Or, dit M. Duranton, les principes généraux permettent de regarder comme ayant encore un bien celui qui a une action pour le recouvrer : *Qui habet actionem ad rem recuperandum, rem ipsam habere videtur;* mais ils ne le permettent pas pour celui qui n'a droit qu'au prix de ce bien.

Cet argument ne nous touche pas, car, selon nous, le législateur a considéré, au contraire, dans les articles 747 et 766, que l'aliénation n'est pas complète tant que le prix n'est pas payé, puisqu'il peut y avoir résolution du contrat. Pour le prix encore dû, comme pour les actions en reprise, le législateur a donc entendu faire application d'une seule et même règle : *Qui habet actionem*, etc. Et nous soutenons qu'il y a analogie complète entre nos articles et les articles 747 et 766.

117. — Une seconde différence entre le droit de l'ascendant et celui de l'adoptant, c'est que ce dernier n'est pas exclusivement personnel. En cas de prédécès de l'adoptant, ses enfants sont appelés *jure proprio*, à recueillir les biens qu'il a donnés à son fils adoptif mourant lui-même sans postérité, ou que son fils adoptif a recueillis dans sa succession. Mais il n'y a que ses *descendants* qui puissent invoquer ce droit, tous autres héritiers de

l'adoptant en sont privés, et dans ce cas les biens passent aux héritiers de l'adopté.

Une question délicate se présente à ce propos : la descendance *adoptive* de l'adoptant peut-elle exercer le retour établi par l'article 351 en faveur des descendants de l'adoptant prédécédé ?

On soutient la *négative*, en se fondant sur l'article 350, qui n'assimile l'adopté aux enfants légitimes qu'*en ce qui concerne les droits sur la succession de l'adoptant.* Or, dit-on, le droit dont il s'agit ici s'exerce non point sur la succession de l'adoptant, mais sur celle d'un coadopté, auquel l'enfant adoptif est complétement étranger. Et d'ailleurs, ajoute-t-on, le législateur n'a pu accorder au fils adoptif dans l'article 351, un bénéfice qu'il refuse même au fils légitime de l'article 747.

Nous préférons soutenir l'*affirmative*, en disant que la loi, en réglant l'adoption, a mis tout à fait sur la même ligne, quant à leurs droits, les enfants adoptifs et les enfants légitimes. Ce que les uns peuvent faire, les autres le peuvent également. Puis, nous ferons observer que le frère légitime n'a pas besoin du retour de l'article 747, pour reprendre dans la succession de son frère décédé sans postérité les biens donnés, puisque son droit s'étend sur sa succession tout entière ! L'enfant adoptif, au contraire, étant tout à fait étranger à son coadopté a besoin de ce droit de retour, sous peine de voir passer en des mains étrangères les biens donnés par son père adoptif.

118. — Le droit des descendants de l'adoptant est plus et moins étendu que celui de l'adoptant lui-même. Il l'est plus parce qu'il frappe même les biens recueillis dans la succession de l'adoptant; il l'est moins parce qu'il n'atteint pas la postérité de l'adopté. En effet, ce droit est éteint par cela seul que l'adopté laisse une postérité, et ne peut s'exercer quand bien même cette postérité viendrait à disparaître du vivant des héritiers de l'adoptant (352).

Le droit de retour de nos articles 351 et 352 ne s'étend pas aux biens aliénés par l'enfant adoptif. Celui qui l'exerce doit contribuer au payement des dettes, selon les mêmes règles que nous avons exposées sur l'art. 747.

Les effets et caractères de la succession anomale de l'adoptant et de ses descendants ont une telle analogie avec ceux de la succession anomale de l'ascendant que nous n'insisterons par davantage. Résumons seulement leurs différences :

1° L'adoptant reprend les biens donnés dans la succession de l'adopté donataire et *de ses descendants.*

L'ascendant dans celle du donataire seul.

2° Les descendants de l'adoptant ont les mêmes droits que lui sur la succession de l'adopté (mais non sur la succession des descendants de ce dernier).

Les descendants de l'ascendant n'ont aucun droit.

3° L'adoptant n'a point de retour sur les biens
donnés aux descendants de l'adopté.

L'ascendant a retour sur la succession de tous
ceux de ses descendants qui ont été donataires
directs.

SECTION II. — DE LA SUCCESSION ANOMALE DES
FRÈRES ET SOEURS LÉGITIMES D'UN ENFANT NATUREL
RECONNU.

(Art. 766.)

119. — L'art. 766 suppose un enfant naturel
reconnu mort sans postérité après ses père et mère,
et divise son patrimoine en deux successions distinctes; l'une composée de tous les biens ordinaires
et qu'il attribue, selon le droit commun, aux frères
et sœurs naturels; l'autre comprenant les biens
que l'enfant naturel avait reçus de ses auteurs et
qu'il accorde aux frères et sœurs légitimes. Ce dernier cas est une dérogation nouvelle aux principes
de l'art. 732; un nouveau cas de succession anomale, qui présente dans ses caractères et ses effets
une si grande analogie avec les deux autres, que
nous aurons peu à nous appesantir sur son étude.
Nous nous attacherons seulement à quelques difficultés qui lui sont particulières.

120. — Remarquons tout d'abord que les expressions *frères et sœurs légitimes* de l'art. 766,

sont inexactes. L'enfant naturel ne peut avoir d'autres parents légitimes que ses propres enfants, et reste étranger à tous les parents de ses père et mère. La loi a voulu désigner les enfants légitimes du père ou de la mère de l'enfant naturel. Toutefois, nous nous servirons des expressions inexactes du Code comme facilité de langage.

Le motif du retour établi en leur faveur a été indiqué par M. Tronchet dans la discussion au Conseil d'État : « Cette disposition, a-t-il dit, présente « une compensation de ce que les enfants légitimes « ont perdu de la succession de leur père par la « part qui a été donnée à leur frère naturel » (Séance du 2 nivôse an XI. — Fenet. *Trav. prép.*, t. XII, p. 34).

121. — D'après la rédaction de l'art. 766 on peut se demander s'il est nécessaire, pour l'ouverture de ce droit de retour, que le père *et* la mère soient décédés tous les deux, de telle sorte que la survivance de celui-là même qui est resté étranger à la donation doive faire obstacle au retour; ou si au contraire les frères et sœurs légitimes peuvent succéder à l'exclusion de l'autre parent survivant.

Les auteurs se prononcent en majorité en faveur de la seconde opinion.

Le but de l'art. 766, dit-on, dans ce système, est une restitution aux enfants légitimes, or, il serait souverainement immoral de priver ces derniers de cette restitution pour en faire profiter le concubin du donateur. L'art. 747 accorde le droit de retour à l'ascendant, à l'exclusion de *tous autres*, or, il y a la plus grande analogie entre ce droit et celui de l'art. 766, donc il doit s'exercer de même. Il est vrai que notre article emploie la conjonction *et* et non pas la disjonctive *ou*, mais c'est là une erreur grammaticale assez fréquente dans le Code; voyez notamment les art. 859 et 1042 où bien évidemment il faudrait la disjonctive. M. Treilhard, d'ailleurs, l'orateur du gouvernement qui a présenté le titre des successions au Corps législatif, employait la disjonctive *ou* : « Les père *ou* mère qui ont reconnu « un enfant naturel, lui succéderont, s'il n'a pas « laissé de postérité. Si les père *ou* mère sont pré- « décédés, les biens seulement que les enfants « naturels en avaient reçus passeront aux frères « et sœurs légitimes ;... » (Séance du 19 germ. an XI). Du reste, cet article, même en y laissant le mot *et*, peut encore s'expliquer, en ce sens qu'il consacre simultanément pour les père et mère une règle, qui doit être appliquée distributivement pour chacun d'eux (Marcadé, art. 766. — Richefort, État des familles, t. III, p. 22). — Malpel, Succ. n° 164. — Duranton, t. VI, n° 338. — Dalloz, v° Succ. n° 366, — et particulièrement la consultation de M. G. Loiseau, avocat à la Cour royale. — Dalloz, 1845, 2, 182).

122. — La première opinion admise par la jurisprudence (Dijon, 1er août 1818 ; Riom, 4 août 1820 ; Paris, 27 novembre 1845), est soutenue

par quelques auteurs d'une grande autorité (Aubry et Rau, t. IV, p. 227. Demante, t. III, nº 86 bis, II. Demolombe Succ. t. II, nº 153).

On accorde, tout d'abord dans ce système, que le code emploie souvent *et* pour *ou* et réciproquement, mais il faut trouver la preuve de l'erreur dans l'article tout entier; or quant à l'art. 766 il suffit de le rapprocher de l'art. 765 auquel il se lie intimement, pour voir que la conjonction *et* a été mise avec intention. En effet les frères et sœurs légitimes de l'art. 766 ne succèdent aux biens provenant de l'auteur commun que dans la même hypothèse où les frères et sœurs naturels succèdent aux autres biens. Or, ces derniers se trouvent primés par le survivant des auteurs de l'enfant naturel qui aux termes de l'art. 765 est seul appelé à la succession de son enfant naturel décédé sans postérité. Il doit donc en être de même des frères et sœurs légitimes de l'art 766 dont le droit est parallèle à celui des frères et sœurs naturels de l'art. 765.

Les travaux préparatoires montrent clairement que l'art. 766 doit être interprété dans notre sens. Le 2ᵉ § de l'art. 52 du projet (devenu notre article 766) était ainsi conçu : « A défaut de père « *et* mère, la succession de l'enfant naturel est « dévolue aux frères et sœurs du défunt, *sans distinction des frères et sœurs légitimes*, ou à leurs « descendants. » Or, le Conseil d'État, en même temps qu'il exclut les frères et sœurs légitimes de

cette succession, leur accorda le droit de retour
par compensation. Par conséquent ils ne peuvent
exercer ce droit que dans le cas où d'après l'art. 52
du projet, ils étaient appelés à la succession entière c'est-à-dire qu'autant que les père *et* mère
sont prédécédés.

Remarquons du reste que les biens venus du
père ne sont recueillis en vertu du retour que
par les enfants du père et ceux venus de la mère
par les enfants de la mère ; les enfants légitimes
de l'un seulement des parents ne peuvent recueillir les biens provenant de l'autre.

Les mots *en cas de prédécès* sont employés ici
comme dans beaucoup d'autres passages du code,
comme synonymes de *à défaut de*.... (v. art. 750
753, 759).

123. — Les autres parents légitimes des enfants
naturels n'ont pas droit au retour, mais *quid* des
enfants légitimes des frères et sœurs légitimes?

Certains auteurs soutiennent qu'ils ne peuvent
venir ni de leur chef ni par représentation, parce
que le silence gardé à leur égard par notre article est
d'autant plus significatif que nous sommes en matière exceptionnelle, de droit strict, et qu'il sait
bien en attribuant les biens ordinaires, ajouter :
ou à leurs descendants.

Lors de la rédaction de l'article on proposa
d'ailleurs d'ajouter ces mots, mais on ne le fit pas.
Le Tribunat signala cet oubli, mais le fit remarquer seulement à propos des descendants des frè-

res et sœurs naturels et non pas des frères et sœurs
légitimes. Le Conseil d'État fit droit à la réclama-
tion du Tribunat, mais n'alla pas plus loin ; il est
donc évident qu'ils n'eurent pas plus l'un que
l'autre la pensée d'étendre le mot descendant aux
frères et sœurs légitimes.

Nous préférons l'opinion contraire comme plus
conforme à la justice. L'art. 766 est fondé sur la
présomption que le père donateur préférait ses
enfants légitimes à ses autres enfants naturels
reconnus; son affection ne s'étend-t-elle pas avec
le même caractère sur ses petits enfants légitimes ?

Nous ferons en outre remarquer qu'une énonciation n'était pas nécessaire pour les descendants
des frères et sœurs légitimes qui, par l'effet de la
représentation légale établie par l'art. 742 étaient
compris de plein droit dans la dénomination de
frères et sœurs; tandis que cette même énonciation était absolument nécessaire pour les descendants des enfants naturels.

124. — L'opinion contraire à la nôtre n'est
pas conforme à l'équité. Supposons en effet que
l'enfant naturel laisse un frère légitime et un descendant d'un autre frère légitime prédécédé Il faudra attribuer tous les biens donnés, au frère à
l'exclusion du *neveu*, ce qui viole manifestement
l'égalité constamment maintenue par le législateur entre les diverses branches d'une même famille. Quelques auteurs ont tourné la difficulté en
prétendant que la présence d'un frère légitime

suffit pour faire admettre la représentation des enfants d'un autre frère (Demante III n° 86 bis IV). Mais, s'il est vrai que l'art. 766 refuse aux enfants des frères et sœurs légitimes le droit de venir à la succession de l'enfant naturel, nous ne comprenons pas qu'on puisse leur accorder le droit de venir à cette succession dans un cas plutôt que dans un autre; car qu'il y ait ou qu'il n'y ait pas de frères ou sœurs, il s'agit toujours pour les neveux ou nièces de venir par représentation à la succession de l'enfant naturel.

125. — Marcadé soutient que les descendants des frères et sœurs légitimes ne peuvent succéder de leur chef, mais qu'ils peuvent venir à l'aide de la représentation. Ils deviennent par la fiction de la loi des frères et sœurs légitimes et peuvent dès lors invoquer notre article. Cette opinion viole tous les principes, car nul ne peut succéder par représentation dans une succession à laquelle il ne peut venir de son chef.

126. — Quelques auteurs soutiennent que notre art. 766 n'ouvre pas un droit de succession, mais un simple droit de retour, d'où ils s'ensuivrait que les frères et sœurs ne contribueraient pas aux dettes et charges de la succession. Ils s'appuient sur l'expression : les *biens passent*, que notre article emploie au lieu du mot : *succèdent* dont se sert l'art. 747 ; et disent que du reste les frères et sœurs légitimes ne peuvent pas être héritiers de leur frère naturel.

Nous ferons simplement remarquer que si
l'art. 766 avait voulu organiser un droit de retour
proprement dit, il aurait accordé aux' frères et
sœurs légitimes le droit de faire résoudre les aliénations consenties par l'enfant naturel, et de reprendre ces biens francs et quittes de toutes charges et hypothèques (952-954). Cet article étant
placé au titre des successions, il ne peut organiser qu'un retour successoral. Nous observerons
enfin que dans tous les articles où il s'occupe des
successions irrégulières, le législateur prend soin
de ne pas se servir des expressions *succéder*, *héri-*
tiers, afin de bien établir qu'on ne peut jamais
venir à ces successions en qualité d'héritier.

Tout ce que nous avons dit sur le droit successoral de l'ascendant donateur s'applique ici; nous
n'y reviendrons pas.

Nous n'avons pas davantage à nous occuper
de la succession ordinaire des enfants naturels;
faisons remarquer seulement avant de terminer
que si l'enfant naturel ne laissait ni père, ni mère,
ni frères, ni sœurs naturels ou descendant d'eux,
sa succession ordinaire appartiendrait à son conjoint ou à l'État; mais en aucun cas aux frères et
sœurs légitimes, car ils ne sont appelés qu'à la
succession anomale. « La parenté civile, disait
« formellement le consul Cambacérès au Conseil
« d'État, peut seule constituer des héritiers; à la
« vérité le fisc n'est point favorable; mais comme
« il a la charge des enfants naturels, il est bon

« aussi qu'il leur succède quelquefois; *et quand*
« *la partie de la succession qui provenait du*
« *père est rendue aux enfants légitimes, la pré-*
« *férence du fisc, n'a plus rien d'odieux.* »
(séance du 2 nivôse, an XI.)

APPENDICE.

—————

127. — L'ascendant ou l'adoptant pourrait, comme tout autre donateur, stipuler le retour des biens donnés, par une clause expresse de l'acte de donation. Il y aurait alors non plus succession anomale, mais retour conventionnel de l'article 951 (C. N.).

Indiquons rapidement les différences qui séparent le retour légal du retour conventionnel.

Retour légal.	*Retour conventionnel.*
1° Le donateur ne peut reprendre les biens donnés qu'autant qu'ils se retrouvent *en nature* et en *qualité de* biens donnés dans la succession du donataire. Il ne peut jamais s'adresser aux tiers qui les ont acquis du donataire, à moins cependant qu'il n'exerce l'action de reprise qui appartenait au donataire lui-même.	Il peut les reprendre partout où ils se trouvent, aussi bien dans la main des tiers acquéreurs que dans la succession du donataire.

14

2° Le donateur reprend les biens dans l'état où ils se trouvent, sans indemnité pour détérioration même du fait ou de la faute du donataire.

Il peut demander une indemnité aux héritiers du donataire, si les biens n'existaient plus ou étaient détériorés par le fait ou la faute du donataire.

3° Le donateur est tenu de respecter les hypothèques, servitudes et autres droits réels provenant du chef du donataire.

Les biens rentrent dans son patrimoine francs et quittes de toutes charges ou hypothèques du chef du donataire.

4° Le donateur contribue au payement des dettes du donataire au prorata de la valeur qu'il prend.

Pas de contribution aux dettes.

5° Le donateur ne peut renoncer à son droit, ni le céder du vivant du donataire.

Il peut y renoncer ou le céder.

6° La présence d'un enfant adoptif suffit (du moins dans notre opinion) pour faire évanouir le droit du donateur.

Elle n'y fait pas obstacle.

7° L'article 351 accorde aux descendants de l'adoptant le même droit qu'à celui-ci s'il prédécède.

L'adoptant ne pourrait stipuler le retour en faveur de ses propres descendants.

POSITIONS.

DROIT ROMAIN.

I. — Le père de famille prend le pécule castrans non pas *jure peculii*, mais *jure successionis*.

II. — Quand il y a concours entre les ascendants et les frères et sœurs germains, d'après les *Novelles* de Justinien, le partage a lieu par têtes, non-seulement entre les frères et sœurs germains et les ascendants, mais même entre les ascendants.

III. — La mère a vocation héréditaire quand le père est exclu par l'aïeul émancipateur.

IV. — Dans le cas où le cohéritier du querelans tient du testament sa quarte, le querelans obtient moitié, et le dernier quart appartient à l'institué.

DROIT FRANÇAIS.

I. — L'ascendant donateur exerce le droit de retour de l'article 747 à titre d'héritier légitime.

II. — L'ascendant ne peut exercer le droit de retour qu'autant que les biens donnés se retrouvent *in specie* dans la succession du donataire.

III. — Les enfants adoptifs du donataire font obstacle au droit de retour.

IV. — L'ascendant qui recueille la succession anomale est tenu des dettes *ultra vires*.

V. — L'ascendant qui, par l'effet d'une hypothèque dont l'immeuble qu'il reprend était grevé, a payé une somme plus forte que sa part contributoire, peut exercer un recours contre les héritiers ordinaires pour cet excédant.

VI. — L'ascendant donateur doit une indemnité pour les améliorations faites au bien, qui fait retour, par le *de cujus* donataire.

VII. — La valeur de l'émolument héréditaire de

l'ascendant donateur, en tant qu'il exerce le retour légal, ne figure pas dans la masse sur laquelle sont calculées la quotité disponible et la
réserve des héritiers ordinaires.

VIII. — L'adoptant peut exercer son droit de retour non-seulement sur les biens qui se retrouvent en nature, mais aussi sur le prix qui peut
encore en être dû. Il peut aussi exercer les actions en reprise.

IX. — Les frères et sœurs légitimes d'un enfant
naturel décédé sans postérité, ne peuvent exercer le retour de l'article 766 qu'autant que les
père et mère de cet enfant naturel sont *tous les
deux* prédécédés.

DROIT CRIMINEL.

I. — La condamnation par contumace exclut
l'interdiction légale.

II. — Le recel de l'article 61 est punissable même
si les malfaiteurs restent inconnus.

DROIT ADMINISTRATIF ET PUBLIC.

I. — Les voisins d'un établissement insalubre peuvent agir en dommages-intérêts devant les tri-

bunaux civils, contre le propriétaire de l'établissement régulièrement autorisé.

II. — La confiscation s'étend aux navires quand la cargaison est composée pour les trois-quarts de contrebande de guerre.

Vu par le Président de la thèse,

BAYEUX,

Vu par le Doyen,

C. DEMOLOMBE.

Vu et permis d'imprimer :

Pour le Recteur en tournée,

l'inspecteur d'Académie délégué,

HUBERT

16123. — TYPOGRAPHIE LAHURE
Rue de Fleurus, 9, à Paris.

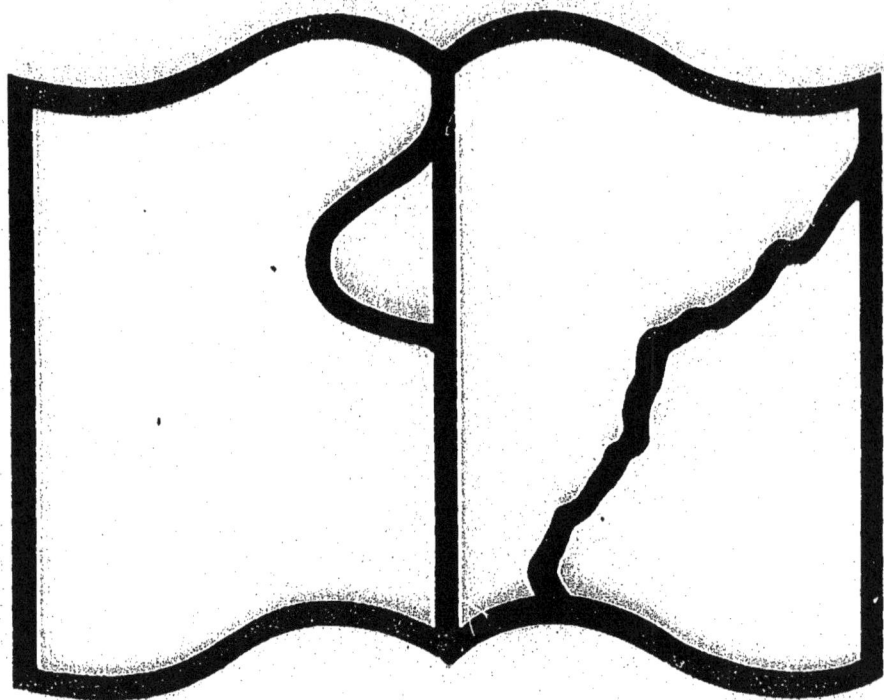

Texte détérioré — reliure défectueuse

NF Z 43-120-11

www.ingramcontent.com/pod-product-compliance
Lightning Source LLC
Chambersburg PA
CBHW070510200326
41519CB00013B/2771